天明の浅間山大噴火

日本のポンペイ・鎌原村発掘

大石慎三郎

講談社学術文庫

はじめに

私が埋《う》もれた悲運の村鎌原《かんばら》に興味をもつようになったのは、いまから約三十年ほど前、『北佐久郡誌』の編纂《へんさん》事業に参画した昭和二十年代の後半のことであった。

私は愛媛県温泉郡正岡村（現北条市）［以下、地名・肩書などは執筆当時のもの］に生まれ、村の小学校を出たあと、夏目漱石の『坊っちゃん』で有名な松山中学校にすすみ、高等学校も隣にあった旧制の松山高等学校に進んだ、ねっからの瀬戸内育ちである。中学の時、当時は岩波書店が国語の教科書を出しており、それを使ったが、編者が信州下伊那《しもいな》出身の西尾実氏であったせいか、島崎藤村・島木赤彦などが信州について書いた文章が非常に多かった。編者として若干公正を欠くのではなかろうかと、若さの神経にさわるものがあったが、どれも大変な名文で、いつの間にか一生のうちに一度は行ってみたいものだと、高原の国信州にかぎりない憧《あこが》れをいだくようになっていた。

昭和二十四年（一九四九）私が大学を出た年の夏、当時比較経済史という視角から長野県北佐久の農村調査を試みようとされていた松田智雄《ともお》先生（ドイツ史専攻、現図書館情報大学学長）から、日本史担当としてそのパーティに加えていただき、生まれてはじめて信州の地をふむことになった（ドイツ、フランス、イギリスと日本との封建社会段階の農村を経済史的観点から比較検討しようというのがその狙《ねら》い）。

〝水と集落《しゅうらく》〟の問題がさしあたりのテーマであったので、御牧原《みまきがはら》台地の周辺にひろがる八重原新田・塩沢新田・五郎兵衛《ごろべえ》新田・御影《みかげ》新田などを歴史的に調べるのが私の仕事であった。八重原新田・塩沢新田の文書調査を終えて、五郎兵衛新田にたどりついた。当時同新田の主要史料は柳沢猛敏《やなぎさわたけとし》氏のところにあったのだが、午後それも三時ごろ同氏宅を訪ねたところ、今日はもうおそいので、泊って明日からにしなさいとのことで、そうすることにした。その晩私はすすめられるままに一升ほどの酒を呑《の》み、また大人の親指大の、長さ一〇センチほどもあるドジョウが白目をむいて浮かんでいる味噌汁《みそしる》のおかわりをした。後で知ったのだが〝ゴロベエ・ドジョウ〟といってこの地方自慢の大ドジョウであった。これが気にいられて、以降は佐久に行くと同家が私の定宿《じょうやど》になり、そこを足場に新田地帯を歩きまわった。宿泊費・食費ともにただで、そのうえ史料所有者を新しく訪問する時など自ら案内をしていただいた。もっとも夜になると一升酒を呑み、ドジョウ汁をすすりながら猛敏氏の話し相手になった。

当時私は近世の新田開発史を研究テーマにしており、これが私自身の研究にもなったので、時間の許すかぎりこれら新田地帯の調査にうちこんだ。これら新田のどこからも雄大な浅間の山がみられた。その結果の一部を「新田開発における女性の創意についての伝説」

（『地方史研究』六号）、「軽井沢と御影用水・権十郎稲荷《いなり》」（『歴史評論』四一号）、「近世初頭における「土豪」開発新田について」（『史学雑誌』六三編六号）などの論文・短文として次々に発表した。それがきっかけであろうか、当時進行していた『北佐久郡誌』編纂のメンバーの一人に加えられた。監修者は児玉幸多・松田智雄の両先生であった。

　この仕事は私自身の研究にも深くかかわっていたので、以降それまでに増してたびたび佐久の地をふみ、この地で過ごすことが多くなった。当時は汽車のスピードもいまほどではなく、上野から小諸《こもろ》まで約六時間、ちょうど場末の映画館で三本立ての映画を見るのと同じ時間であった。その間幾夏かは岩村田《いわむらだ》にある教育会の宿直室に泊りこんで調査・執筆にしたがった。この教育会の裏には大きな池があり、その向こう側に白い煙をはきつづける浅間山があり、その美しい姿をさかさまに水にうつしていた。朝顔を洗う時、また仕事に疲れた時と一日何回となく浅間を眺めたもので、その情景はいまでも時おり瞼《まぶた》に浮かぶほどである。また『郡誌』の終わりに近づいた一夏は追分《おいわけ》に泊りこんで原稿の整理にはげんだが、その間何度か東京女子大の寮の横の道を通り、白樺林《しらかばばやし》をくぐりぬけて、浅間の中腹まで散歩がてら登ったものである。この夏、児玉先生は御代田《みよた》の矢倉鉱泉に泊っておられたので、何度かお訪ねして夕食などをいただいたが、その帰りに見た夜空を赤くそめる浅間の噴煙の美しさは格別であった。こんなわけで、私の二十代の後半、また若干文学的な表現をつかうと、私の研究者としての青春時代は浅間とともにあった、といえるわけである。

そして昭和三十一年のことだと記憶しているが、その歴史編が完成したうちあげの会が沓《くつ》掛《かけ》（現中軽井沢）の星野温泉で行われた。刃物のように空気のさえた晩秋のことであったが、その席で児玉幸多・松田智雄・水上武の三先生と、いつか機会があったら鎌原村を掘って天明の昔を探ってみよう、という話になったのが、そもそも今日の発掘の発端である（水上先生は浅間火山観測所の所長をしておられ、『郡誌』のなかの浅間火山の部分の執筆者であった）。その後私は帰雲城（岐阜県）・草戸千軒《くさどせんげん》（広島県）・富田《とだ》城下町（島根県）など、やはり近世になって埋没した集落にも興味をもち、その探訪と史料集めなどをしていたが、なかなか浅間鎌原の発掘を実現するには至らなかった。

それが実現するに至ったのは、西ドイツ公使の職を終えて日本に帰られた松田智雄先生の強力なリーダーシップによるといえよう。松田・児玉・水上の三先生と私は数次の会合を重ねた結果、当時学習院大学学長をしておられた児玉幸多先生を会長として浅間山麓《さんろく》埋没村落総合調査会（以下浅間調査会と略称）をつくり、私が事務局長をひきうけ、事務所を私が館長をしていた学習院大学史料館において事務と運営とに当たった。なおその実務は主として私のゼミ出身の根本憲治、学習院史料館助手の斎藤洋一の両君が当たった。なお調査会のメンバーは次のようになる。

浅間山麓埋没村落総合調査会組織

会長

児玉幸多　学習院大学名誉教授

荒牧重雄　東京大学地震研究所教授

鵜川馨　立教大学経済学部教授

大石慎三郎　学習院大学経済学部教授・同史料館館長

太田勝也　図書館情報大学助教授

大羽裕　筑波大学応用生物化学系教授

行田紀也　東京大学地震研究所浅間火山観測所文部技官

住谷一彦　立教大学経済学部教授

高井康雄　東京大学農学部教授

松島栄治　群馬県立前橋第二高等学校教諭

松田智雄　図書館情報大学学長

水上武　東京大学名誉教授

山田武麿　群馬県立女子大学教授

事務局

大石慎三郎

根本憲治

斎藤洋一

（この表の肩書は昭和五十七年三月段階のものである）

発掘調査は一年の予備調査ののち、昭和五十四年夏から行われ、同五十六年で第一段階の調査予定を終わった。第一年目は観音堂下石段部分と十日ノ窪《とおかくぼ》の発掘、第二年目は全村を覆う形で一〇ヵ所の地点をえらんでのトレンチ調査（これは学校建設予定用地の問題がからんでいたので、嬬恋村《つまごい》が行う行政発掘の形式をとり、その作業は調査会が行った）と、関係文書史料の全面的採集および社会学的調査、第三年目は第一年目に発掘が完了しないまま仮埋めをしていた十日ノ窪の掘りあげと、史料などの補充調査、そして同五十七年には延命寺跡地の特別調査という作業順序で行った。

本来ならば発掘については第二年目の全村を覆うトレンチからはじめるべきを、観音堂下石段部分と十日ノ窪という特定地区からはじめたのは、文部省からの科学研究費の他に、民間資金が入っていることと、地元のよりスムーズな協力を得る、などのため、あらかじめ若干の成果を予定しなければならなかったからである。観音堂下石段部分は地元の人々がもっとも関心をもっているところであり、十日ノ窪は地元老人会が昭和五十年に試掘して、家屋様のものの埋没が確認されていた。

さて調査は予想以上の成果をあげ、浅間山麓鎌原村の名は全国津々浦々にまで知られるようになったことは周知のところである。ともあれ第一段階の調査は終わり、文部省に対する報告書の作成も終わったので、この段階で、私なりの一応のスケッチをしようと考えたことが、本書にとりかかった理由である。

この調査には調査会のメンバーのほか、地元嬬恋村教育委員会、同村鎌原区および同区老人会など、数えきれないほど多くの人々のお世話になっている。

またこのような著書の執筆については、数多くの方面からお申し入れがあったが、もっとも早い時期から熱心にすすめてくださった角川書店から出版していただくことになった。本来ならもっと早く成稿すべきだが、諸種の事情によりおくれにおくれて今日に至った。末筆ながら一言おわびを申し上げておきたい。

大石慎三郎

昭和六十一年七月十日

目次

天明の浅間山大噴火

日本のポンペイ・鎌原村発掘

第一章　近世の埋没集落

近世日本の埋没集落

松田智雄先生のお話によると、西欧には〝荒廃集落史〟という歴史研究の分野があるそうである。西欧には戦争・災害・伝染病、それにエンクロージャーなどによって荒廃してしまった集落が多数ある。〝荒廃集落史〟というのは、それらを文献史料、発掘または現地踏査などによって復元し、当時の社会状況などを探る学問である。日本には今日まで見られない学問分野であるが、それにはそれなりの理由がある。

まず日本は異民族によって侵略されたことがないから、たとえ戦火によって集落が焼かれるようなことがあったにしても、それなりに手加減をするし、まして一村残らず殺戮《さつりく》されるといったことはまずないから、ために一村ことごとく荒廃してしまうことはほとんどなかった。また流行病がなかったわけではないが、中世西欧を襲った黒死病のような猛威をふるったものはないから、これが荒廃集落を生むこともなかった。黒死病というのは十四世紀の中ごろ、ほぼヨーロッパ全土をおそった伝染病（ペスト）で、当時の年代記によると、人口の八〇―九〇パーセントがこれによってたおれたとさえ記されている。もっとも実際はそれよりはるかに少なく、人口の三分の一前後が死亡したとするのが、よいようである。それにしても大変な被害で、当時の社会経済に多大の影響をあたえ、また多数の荒廃集落を生んだことは事実であろう。

つぎのエンクロージャーであるが、これは主としてイギリスに起こった社会現象で、農耕地を牧羊場にかえるため人為的に農民を農村から追いだすという資本主義発生期の歴史現象で、これも多くの荒廃村落を生みだした。しかし、日本にはこのような徹底した社会運動もなかったので、そのようなこともない。

日本の場合、もっとも問題になるのは、自然災害であるが、これによる荒廃集落も日本では数多くはない。日本に自然災害が少ないとはいえないので、もう少しあってもよいような気がするが（この点は後で検討する）現在私が承知している近世のそれは次の四つである。

帰雲城

きうんじょう、かえりくもじょう、かえしくもじょう、と読みはいろいろあるが、語感が一番よいのでさしあたり〝きうんじょう〟と読んでおく。

『大日本地震史料』巻四の天正十三年（一五八五）十一月二十九日の条を見ると、「山城、大和、摂津、近江、美濃、尾張、伊勢、三河等ノ諸国、地大《おおい》ニ震ヒ、瀕海《ひんかい》ノ地ハ海嘯《かいしょう》暴溢《ぼういつ》シ、人畜死傷 夥《おびただ》シ、余震年ヲ越エテ止マズ」という記事がある。マグニチュード約七・八といわれる天正の大地震で、震源は飛騨の大日岳《だいにちだけ》とも伊勢湾近海ともいわれてさだかでないが、被害地の大きさ、余震の長さなどからいって日本地震史上最大のものの一つであったことは間違いない。

第1図　帰雲城位置図

　京都の三十三間堂に安置した六〇〇体の仏像が倒れたといわれるように、被害は畿内一円にも及ぶが、その中心は伊勢湾から飛騨の白川郷を結ぶ線で、帰雲城とはその線上に位置する岐阜県飛騨白川村保木脇《ほきわき》在にあった城である。

　天正十三年といえばその三年前の同十年に織田信長が京都本能寺で明智《あけち》光秀のために殺され、その光秀を羽柴秀吉が山崎

第2図　三十三間堂の仏像

の合戦で破り、その翌十一年には秀吉と柴田《しばた》勝家との賤《しず》ヶ岳《たけ》の合戦、続く勝家の自殺、ついで同十二年の小牧・長久手の戦と秀吉の天下統一事業が進んでいた時期で、この年（十三年）には四国出兵とその制圧が終わり、彼は翌年にはじまる九州統一事業に備えていた時である。

　この飛騨白川郷一帯は新しい時代の建設を目指す織田信長・徳川家康ら近世大名グループと、それに敵対する最大の勢力である一向一揆《いっき》勢力との接点にあたるところで、複雑な歴史の動きをしているが、この時期は楠木《くすのき》氏の流れをくむという内《うち》ヶ島《しま》氏が信州から入って支配しており、当時は氏理《うじまさ》の時代で、その居城は白川村の平野部分の南端部にあたる帰雲城であった。

　帰雲城の位置は正確にはわからないが、岐阜市から郡上八幡《ぐじょうはちまん》町、さらに同白鳥《しろとり》町から合掌造りの村白川郷に向かう国道一五六号線を進んで荘川《しょうかわ》村で高山市から来た一五八号線と合し、ロックフィルダムで有名な御母衣《みほろ》湖を右に見ながら通りすぎてしばらく行くと、合掌造りの村白川郷に入る。その少し前、道の右側を流れる庄川をへだてて屏風《びょうぶ》のような峻《けわ》しい連山が続く（その左手も巨大な山塊で、そのなかには三方崩山《さんぽうくずれ》という物騒な名の高山〈二〇五九メートル〉も交っている）。その中の一つ、とりわけ峻しい山の西斜面が崩れおちたままの形を残してすさまじいばかりである。この帰雲山の大地震による崩壊が、そのふもとにあった帰雲城を一瞬にして埋めてしまったわけである。天正十三年十一月二十九日の亥《い》の刻（午後十時ごろ）であったといわれている。

室町末期から近世初頭はわが国貴金属産出史の黄金時代で、世界的な統計を欠くので何ともいえないが、多分日本は世界一、二の金銀産出国であった。この奥飛騨一帯も神岡《かみおか》鉱山の存在から推測がつくように、日本でも有数な貴金属鉱山の分布地帯で、城主内ヶ島氏はそのような奥飛騨鉱山の全部でないまでも、主要部分の掌握者だったと考えられる。そのため城下町の家々約三〇〇戸が城主内ヶ島氏理とその家来ともども、崩壊してきた帰雲山の土砂岩石に埋ってしまうのだが、それとともに、内ヶ島氏が掘り集めていた金銀も同時に埋ってしまっているはずだとの黄金伝説も伴って、その方面でも有名である。しかし余談にわたるが、近世埋没集落四つのなかで、これが一番発掘がむつかしい、と私は考えている。

つづく富田《とだ》城下町と草戸《くさど》千軒《せんげん》町とは寛文《かんぶん》六年（一六六六）と延宝元年（一六七三）というように、埋没の時期がわずか七年しか隔たっておらず、その原因がともに洪水である。しかし、一歩立ち入って考察してみると、鉄（砂鉄）の大量生産と、国土改造といった近世社会創設の柱となった事項と深くかかわっているので、以下それと関連させながら、この二つの埋没集落について考えてみよう。

富田城下町

富田は近江源氏佐々木氏の流れをくむ名族尼子氏の城下町である。尼子氏は経久《つねひさ》の時が最盛期とされるが、そのころは島根半島の東端、宍道湖《しんじ》・中海《なかのうみ》が日本海と結ぶところにある美保関《みほのせき》での船役銭、領内から出る鉄および大森銀山からの銀、および朝鮮交易の利益などを経済的基盤として、出雲・隠岐・石見・伯耆・因幡・安芸・備後・備中・備前・美作《みまさか》・播磨の都合十一ヵ国に勢力をはる大大名であった。その世子晴久の代になるとその勢いは下り坂になるが、それでもなお天文《てんぶん》二十一年（一五五二）足利幕府から出雲・隠岐・因幡・伯耆・備前・備中・美作・備後八ヵ国の守護職に補《ふ》せられているほどである。しかし内部統治の悪さから次第に衰運に向かい、その子義久の代に毛利氏に圧迫されて石見銀山も失い、永禄《えいろく》九年（一五六六）ついに富田城も開城してこれを明け渡すにいたるのである。

これ以降この地は毛利氏の支配するところとなるが、秀吉の死後、石田三成と徳川家康が天下の主導権を争った慶長五年（一六〇〇）の関ヶ原の戦後、毛利氏は西軍の総帥《そうすい》の地位にあったため、領地を削られたうえ長門・周防に封じ込められてしまった。そのあとをうけ

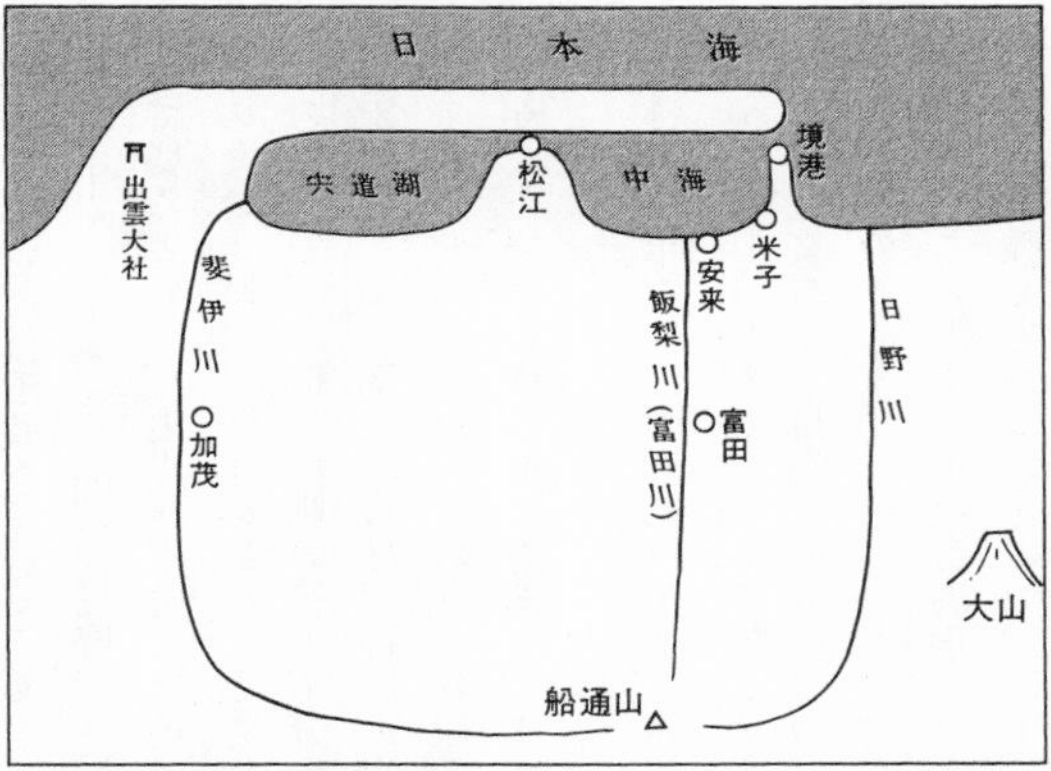

第3図　富田付近略地図

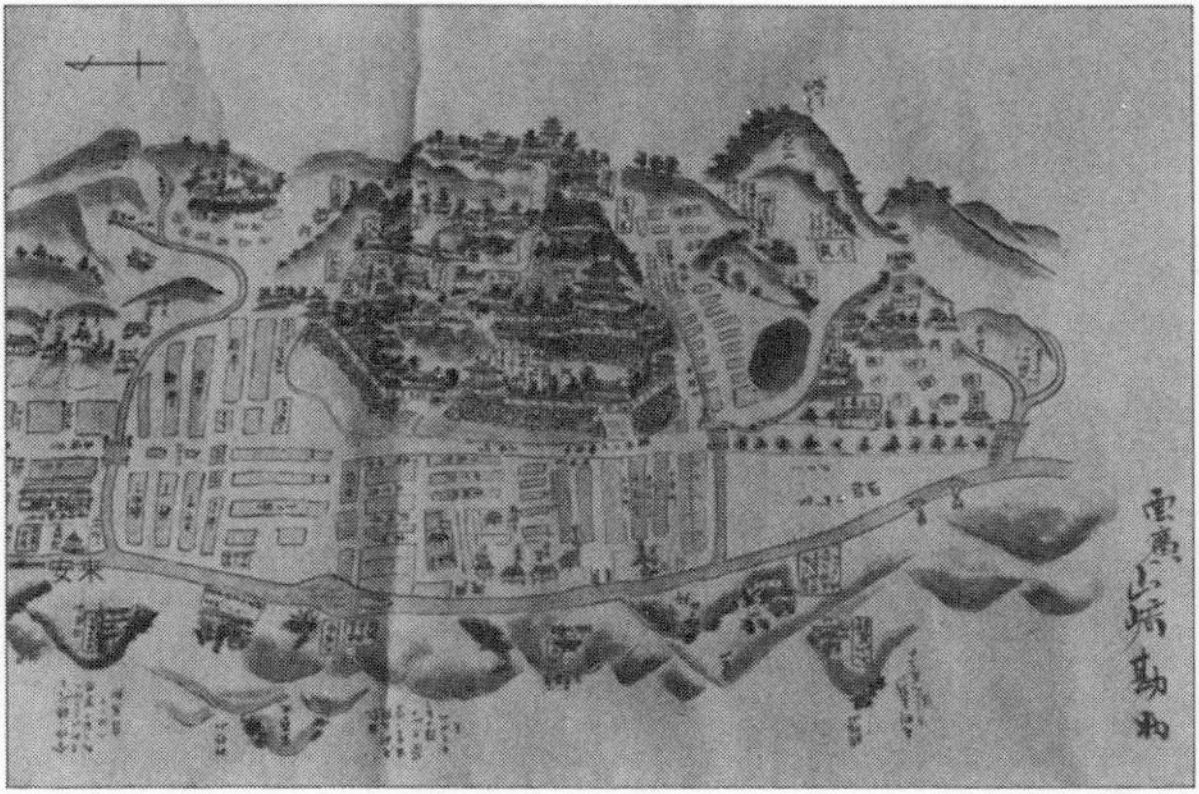

第4図　富田城絵図

て、堀尾吉晴が遠州浜松（現浜松市）から出雲・隠岐二四万石の太守として入封《にゅうほう》、尼子氏が本拠としていた富田城を居城とした。しかし、この地は新領地の東端にあるうえ、富田川（現飯梨川《いいなしがわ》）を上った谷間《たにあい》に位置しているので、政治・経済の中心地でかつ舟運の便にも恵まれているという、近世城下町の立地条件を満たしているとはいい難かった。

そのため吉晴は、嗣子の忠氏とともに領内各地を物色して歩いた末、中海と宍道湖とが分かれる接点で、島根半島側の突出部分にある亀田山《かめだやま》を中心に城下町を建設することにした。この土地は、本土部分からは天神川・大橋川によって引き離された要害の地であるうえ、抜群に舟運の便に恵まれ、そのうえ対岸の本土部分および宍道湖周辺に、領内第一の美田地帯をひかえた経済の中心地でもあり、まさに近世城下町の立地としては最高の条件を備えていた。

慶長十二年着工、同十六年竣工《しゅんこう》といわれている。このあとは富田の町も中国有数の大城下町から、富田川中流の谷間にひらけた鉄工業を主体とする地方的小市場町として続くわけであるが、寛文六年八月四日の大洪水のために押し流され、町の中心部は富田川の川敷きになってしまうのである。

しかし、この洪水は単なる洪水というより、近世製鉄業が生みだした、いわば産業公害という性格を強くもっているので、以下その点について述べてみよう。

明治になって西欧から、鉄鉱石を製錬して鉄を採る方法が輸入されるまでは、わが国では

〝たたら吹き製鉄法〟といって砂鉄を原料として鉄をつくる特殊な製鉄法が行われてきた。それがいつごろ始まったかははっきりしないが、弥生時代に属する紀元前三世紀ころから古墳時代にかけてであろうとされている。〝たたら吹き製鉄法〟とは、純良な真砂砂鉄《まささてつ》を原料として、これを木炭で還元して銑《せん》をつくり、それから鋼をつくる方法である。江戸時代中期中国地方では大体砂鉄一五に木炭一四くらいをつかって、約三・七くらいの銑を得るのが基準であったといわれる。

日本列島はニュージーランド、カナダと並んで世界三大砂鉄産地であるので、国内どこでも製鉄が可能であり、また近来関東各地で製鉄遺跡が発見されたりもしている。しかし実際には、含有量、品質、技術などの関係で、主に中国山岳地帯を中心とする、いくつかの地点に産地は集中していたようである。

中国山岳地帯は八岐大蛇《やまたのおろち》・天叢雲剣《あめのむらくものつるぎ》説話、また『出雲国風土記』の記事などによれば、日本でもっとも古い産鉄地域であったようである。斐伊《ひい》川と日野川とは、おのおの左右にまわりこんで鳥取・島根・広島県境にある船通山あたりを源流とするが、同時にそこからほぼ真北に流れて中海にはいるのが富田川である。この三つの川の上流にあたるあたりが八岐大蛇説話の土地であり、日本有数の砂鉄製錬地帯である。

さて〝たたら吹き製鉄法〟にはいくつかの技術発展の段階がある。はじめは〝野だたら〟といって、原野に構築した粘土製の低い炉で製鉄していた。その炉に木炭と砂鉄とを交互に入れ、それに火をつけ通風をよくして製錬するのである。この時の通風は重要で、はじめは立地条件を利用しての自然通風に頼っていたが、のちには諸種の工夫をこらした鞴《ふいご》を用いるようになっている。そもそも〝たたら〟という語の語源はこの鞴を意味する〝たたら〟という語からきたという説もあるほどである。

しかし、製鉄には高温を要するので、原野で行う時は天候を選ばないと、雨などに降られてせっかく作りはじめた鉄が失敗に終わることが多かった。そのため室町時代末ごろから〝永代たたら〟といって、屋根をかけた建造物のなかで製錬をするようになった。これで作業を恒常化できるのだが、さらに製錬で大きな役割をする鞴にも改良が加えられ、元禄(一六八八—一七〇四)から享保《きょうほう》(一七一六—三六)にかけて〝天秤鞴《てんびん》〟という効率の良い鞴が考案されて生産力を高めた。以上のような過程をとおって砂鉄の製錬技術は向上するのだが、砂鉄製鉄には原料入手の方法に大きな問題があった。

中国山地一帯は日本で屈指の良質・多量の砂鉄産地であるが、それでも花崗岩《かこうがん》を主体とした岩石の風化した土砂中に、わずか一パーセント前後含まれているにすぎなかった。砂鉄製錬の原料になる真砂砂鉄を入手するためには、その百倍の容積の土砂を掘る必要があったのである。はじめは〝たぬき掘り〟といって、地表に丸く穴を掘ってその土砂から採取する方法がとられていた。これは大変効率の悪い、労多くして功の少ない作業であったので、江戸時代の初頭、慶長年間に〝流し掘り〟という、あらかじめ用意した川の流れに砂鉄を含んだ土砂を流し込んで、比重の違いを利用して砂鉄を取り出すという方法が考案された。まさに革命的といってよいくらい効率の良い採取法であった。これが屋内に作られた〝永代たたら〟と組み合わさって銑の製造能力を飛躍的に高めたのだが、この方法には一つだけ大きな問題があった。

それは大量の土砂を河川に流し込むということで、大量の土砂をかかえ込んだ川はだんだんと川床が上がって天井川となり、少し大雨が降るとすぐ洪水を引き起こすようになったのである。つまり、今日流の言葉をつかえば、産業公害を起こすわけである。堀尾氏は松江に築城をはじめると直ちに、上流から流れてくる莫大《ばくだい》な砂が宍道湖をうめ、やがて松江の防衛に支障をきたす恐れがあるというので、斐伊川上流での〝流し掘り〟を禁止している。しかし、当時は近世社会の基盤になる小農自立が進行している最中、そのためには是非とも彼等に鉄製農具をゆきわたらせる必要があったので、産地全体としての鉄の減産は考えられぬこと、結局斐伊川上流の産鉄を富田川上流で引きうけることになったわけである。

このようにして寛文六年、富田川は大氾濫《だいはんらん》を起こし、かつては中国一円の支配者であった尼子氏が築いた城下町富田は、一夜のうちに川底に埋ってしまうのである。第４図は年代が記入されていないが、寛永期（一六二四―四四）前後の富田城とその城下町である。詳細な考証はさけるが、当時は上流（南）から流れてきた富田川は城下の少し手前で西側に大きく折れまがり、現在の広瀬町（旧富田）の西半分を川敷きとして北流して中海に入っていた。

それが堤塘《ていとう》が決壊して直進したため、現在は旧城下町部分が川敷きとなり、旧川敷き部分に町ができている。

さて時は流れ時代はかわって明治になり、西欧の鉄鉱石からの新しい製鉄法が導入された。それにおされてわが国古来の砂鉄製鉄法は急速におとろえてゆく。つまり、富田川の上流から流し掘りの土砂が流れてこなくなったのである。すると今度は、逆に堆積《たいせき》していた川床の土砂が一雨ごとに下流におし流されるようになった。寛文六年以来富田城下町の上を覆っていた土砂の層はだんだん薄くなり、昭和三十五年（一九六〇）ついにその一部が姿を見せたのである。そして列石・礎石・排水溝・井戸石組・道・土塁・炉床・鍛冶床跡《かじどこあと》などの存在が確認されている。しかし、一級河川の川敷きにあたるため、本格的な調査は残されたまま今日に至っている。

草戸千軒町

次が延宝元年に埋没した草戸千軒町であるが、こちらの方は近世社会の展開にもっとも大きな役割をする耕地開発とかかわっている。わが国の中世までの主要耕作地域をみると、そのほとんどが溜池《ためいけ》または小河川や大河川のそのまた枝川といった、技術的にも小規模のもので、開発可能なところに展開している。したがって、この段階までは小規模の盆地様のところとか、谷戸《やと》と名づけられる小河川・枝川の流域に開けた小規模耕地が主たる農耕地となっている。それが近世にはいって一円支配の強大な政治権力が成立したことによって、大河川流域の沖積層平野が耕地化したのだから、この時代はわが国の全歴史時代のなかでも、耕地の飛躍的増加期となっている。平安時代中期ごろ成立した『和名抄《わみょうしょう》』によると、わが国の総耕地面積は八六万二〇〇〇町歩となっているが、室町中期の『拾芥抄《しゅうがいしょう》』では九四万六〇〇〇町歩となっていて、あまり大きな変化（増加）をみせていない。それが戦国末、戦国大名たちが領内経営に力をいれはじめると耕地が急速に増えはじめ、慶長三年の「大名帳」によると一六三万五〇〇〇町歩と、『拾芥抄』に比べると七三パーセントほど増加し、それが江戸時代にはいるとさらに加速して、寛文の中ごろ（一六六〇年代）には二九七万町歩（『町歩下組帳』）と、『拾芥抄』の三・一四倍の数値を示している。大変な増加である。しかし一六六〇年代ごろからは、この増加もあまり顕著ではなくなってくる。

第5図　草戸千軒発掘風景（広島県草戸千軒町遺跡調査研究所）

　このことは別の史料でも明確に指示されている。『明治以前日本土木史』という大著がある。土木学

第1表　明治以前主要用水土木工事

<table>
<tr><th>年　代</th><th colspan="2">こ の 間</th><th colspan="2">工事件数</th><th colspan="2">百 分 比</th></tr>
<tr><td>〜
781(天応元)</td><td colspan="2"></td><td colspan="2">8件</td><td colspan="2">6.78</td></tr>
<tr><td>782(延暦元)
1191(建久２)</td><td colspan="2">410年</td><td colspan="2">8件</td><td colspan="2">6.78</td></tr>
<tr><td>1192(建久３)
1466(文正元)</td><td colspan="2">275年</td><td colspan="2">7件</td><td colspan="2">5.93</td></tr>
<tr><td>1467(応仁元)
1595(文禄４)</td><td>129年</td><td rowspan="2">206年</td><td>14件</td><td rowspan="2">56件</td><td>11.87</td><td rowspan="2">47.46</td></tr>
<tr><td>1596(慶長元)
1672(寛文12)</td><td>77年</td><td>42件</td><td>35.59</td></tr>
<tr><td>1673(延宝元)
1745(延享２)</td><td colspan="2">73年</td><td colspan="2">13件</td><td colspan="2">11.02</td></tr>
<tr><td>1746(延享３)
1867(慶応３)</td><td colspan="2">122年</td><td colspan="2">26件</td><td colspan="2">22.03</td></tr>
<tr><td>計</td><td colspan="2"></td><td colspan="2">118件</td><td colspan="2">100.00</td></tr>
</table>

会が総力をあげて編集したもので、明治以前にわが国で行われた土木工事を細大もらさず全国的に拾いあげたものである。そのなかから、古代から徳川時代の終わりに当たる慶応三年（一八六七）までのわが国で行われた主要土木工事のなかで、耕地開発および治水灌漑《かんがい》に連なる用水土木関係工事を抜きだして年代別に整理すると第1表のようになる。全一一八件のうちで五六件（四七・四六パーセント）が戦国期から江戸時代初期の約二〇〇年ほどのあいだに集中しており、なかんずく慶長元年より寛文十二年までの徳川初頭七十七年間に四二件（三五・五九パーセント）とその集中度がとくに高い。つまり、わが国における明治以前の用水土木工事は、戦国時代から江戸時代初頭の間に、その半数が集中しているのである。

しかもその内容を検討してみると、この時期の土木工事には、北上川・利根川・常願寺川・富士川・木曽《きそ》川・吉井川・太田川・高梁《たかはし》川・芦田《あしだ》川（広島県）・重信川（愛媛県）・遠賀《おんが》川・筑後川・白川等々といった、日本を代表する大河川に加えられた大工事が集中しており、その結果としてそれまで洪水の氾濫原として放置されたままになっていた大河川下流の沖積層平野（今日の日本人の居住空間になっている大部分）が、広大・肥沃《ひよく》な農耕地に作りかえられているのである。つまり、先述したように室町末期から江戸時代初頭寛文期ごろまでに、わが国の耕地が三倍以上にもなったという事実は、この大河川改修工事の結果なのである。

のみならず、これらの大土木工事の多くは近世領国社会の中核地となる城下町建設とも離れ難く結びついているのである。その例は枚挙にいとまがないほどであるが、重信川と伊予松山城下町、芦田川と福山城下町の例をあげてみよう。

四国伊予（愛媛県）の道後平野は今日では伊予第一の広大な美田地帯をなし、そのうえに四国第一の大都市松山市が広がっているが、戦国期末までは必ずしもそうでなかった。伊予川と湯山川（石手川）という二大河川の河流が定まらず、平野部はその氾濫原として荒れるにまかせていたからである。賤ケ岳の七本槍《しちほんやり》の一人である加藤嘉明《よしあき》は、淡路国で一万五〇〇〇石を領していたが、朝鮮の役で戦功があったというので、文禄四年（一五九五）に伊予の道後平野で六万石を与えられ松前《まさき》を居城とした。松前とは道後平野が伊予灘《なだ》（瀬戸内海）に

第6図　松山市街図

沈む接点にある小高い土地にできた町で、平野第一の大河である伊予川の河口に接していた。

藩主嘉明は朝鮮再出兵の功によって秀吉から一〇万石、さらに関ヶ原の戦に東軍に加わった功で徳川家康から二〇万石の大大名にとりたてられた。そこでそれにふさわしい居城をということになって松前城の拡張にとりかかるが、この土地は直接海に面しているため風波が荒くて城が破損することが多く、また伊予川がたえず氾濫して安定しないため城下町にも被害がおよぶことが多かった。そのため新しい適地を求めることになり、物色したあげく平野の中央部にある独立丘陵である勝山という丘に城を築き、そのふもとに城下町を建設することになった。

しかし、この土地は築城の立地としてはすぐれているが、城下町の立地としては問題があった。というのは湯山川が当時は道後石手寺《いしてじ》の門前から北上して、今日の持田・御宝町あたりを通って勝山にあたり、その西麓《せいろく》を通って吉田浜で海にそそいでいた。しかし、その流路整わず、一雨ごとに流れをかえ、また雨期には平野一面に氾濫してとうてい勝山山麓に城下町などつくれる状況でなかったのである。つまり、今日の松山市の中心部分はすべて湯山川の川敷きか氾濫原になっていたのである。

加藤嘉明は、家臣足立半助重信に命じて道後平野の改造にとりかからせた。重信は慎重な調査の結果、それまで道後平野をわがもの顔に流れていた伊予川と湯山川との河流を一本化し、それを堅固な堤塘で固定して、それまでの両川の氾濫原となっていたところを耕地化することにした。まず伊予川は、それまでは横河原あたりから南に屈折して松前城下町で伊予灘に流入していたのを北におしまげてつけかえ、松前町より東の方へ河口をもっていった。一方湯山川は河道を南におしまげ出合《であい》という地点で伊予川と合流させた。その結果、それまで両河川のあばれるにまかせていた道後平野に、新たに五〇町歩余の美田ができるとともに、それまで湯山川の河流の氾濫原であった勝山山麓に城下町を建設する広大な平坦地が得られたのである。

この自然大改造は、いわば完全に成功した例であるが、すべての場合がそうとも限らない。それが惨事を招いた例もあるのである。〝埋もれた中世の町〟として世に喧伝《けんでん》されている草戸千軒町はその好例である。

今日の広島県地域は毛利輝元の支配するところであったが、関ヶ原の戦の後毛利氏は防長二国に封じこめられ、そのあとに尾張の清洲《きよす》より福島正則が四九万八〇〇〇石の領主として入封、広島に藩庁をおいた。ところが正則が元和《げんな》五年（一六一九）に除封され、そのあとに広島には紀州和歌山より浅野長晟《ながあきら》が四二万六〇〇〇石で入封、残余の部分を中心に大和郡山《やまとこおりやま》より水野勝成《かつなり》が一〇万石で入封、福山の地に藩庁を置くことになった。芦田川は備後最大の大河で中国山地の水を集めて東南に流れ、福山地区で広大なデルタ地帯を形成していた。

水野勝成は入封するや、このデルタ地帯の首部にある蝙蝠《こうもり》山とよばれる丘を中心に居城を築き、その南側に城下町を築くことを計画した。当時芦田川は、少なくともその主流にあたる水流は、蝙蝠山の北側を東流して深津のところで深津湾に流入していた。これを本庄《ほんじょう》村（現福山市本庄町）の地点から延長一六〇〇間余におよぶ堤防を築き、流れを西側におしまげることで市域から水をおしだし、ほぼ今日の河流に近い芦田川の流路をつくりあげ、その東側に福山城下町をつくったのである。

しかし、かなりの無理があったようで、毎年実行していた河床の浚渫《しゅんせつ》の手を少しでもゆるめるとすぐ砂がたまる有様で、ついに延宝元年の大洪水の時に堤防が西側に切れ（城下町を救うため西側を人為的に切った可能性が高い）、周辺村々に多くの被害をあたえたのである。この時、常福寺（今日の明王院）の門前町として中世以来栄えてきた草戸千軒町が、一夜にして地上から姿を消してしまったのである。この町はそれから芦田川川敷きの下に眠り続けていたが、昭和三十六年（一九六一）再び地上に姿をあらわし、現在まで草戸千軒町遺跡調査研究所（所長松下正司）の手で発掘・調査が続けられている。近世の埋没集落のなかで、もっとも発掘調査の進んでいる遺跡である。

そして、最後の一つが天明三年（一七八三）の浅間大噴火で埋没した〝鎌原村〟なのである。

第二章　天明三年の大噴火

天明以前の浅間噴火

わが国は、世界有数の火山国である。古来から大爆発を起こした火山は数多いが、噴火の経歴・規模などからいって、浅間は阿蘇とならんで、日本を代表する大火山である。

浅間山噴火の歴史は大変古く、記録にみられるものでは、『日本書紀』の天武十四年（六八五）三月の条に、「この月灰信濃国に零《ふ》り、草木皆枯る」とあるのが最初とされている。ただし、この記事は、噴火したのが浅間山であると特定しているわけではない。浅間の名が、はっきりと出てくるのは『中右記《ちゅうゆうき》』の記事である。それによると上野国（群馬県）の国司からの手紙に、「国内に麻間峯《あさまのみね》という高山がある。治暦《じりゃく》年間（一〇六五―六九）に煙をふいたが、その後はしばらくおさまっていた。嘉承三年（一一〇八）七月二十一日に猛然と噴火をはじめ、煙は天までのぼり、砂礫《されき》は国中に降りそそぎ、国内の田畑は全滅してしまった。このような一国あげての災害は珍しいので、ここに記録しておく」とある。その後弘安四年（一二八一）六月九日に大焼けがあり、また享禄《きょうろく》四年（一五三一）十一月二十七日に、浅間山が大いに焼けだし、二里四方のところに大石・小石が雨の降るようにふりそそぎ、大原というところには七間あまりの大石が降ってきて、それはいまでもちゃんと残っている、と『天明信上変異記』には書いている。

しかし、浅間噴火の記事が圧倒的に多くなるのは、江戸時代になってからである。いまそれを小諸尋常高等小学校編『浅間山』（明治四十三年刊）など諸書から略年表をつくると、第2表のようになる。それによると約四、五年に一回の噴火ということになる。これらは近世になって噴火が頻発するようになったという単なる自然現象から解釈すべきか、または近い時期のことであるので、記録されることが多くなったということによるのか、にわかに断定できないが、多分後者によるとすべきであろう。それらのなかで若干注目をひくのは、享保六年（一七二一）のものと、宝暦《ほうれき》四年（一七五四）のものである。

享保六年のものについては、「五月二十八日昼大焼、此日《このひ》関東のもの十六人、石にあたり打殺され、中一人は半死」（『浅間山焼出大変記』）とあり、宝暦四年のものについては、「七月二日、大鳴動を伴う大噴火。近国に灰が降り、佐久・小県《ちいさがた》地方に煙がたちおおい、丸々一日おぼろになって時間が判らぬほどであった。作物は傷み、秋過ぎまでたびたび噴火をつづけ、無間《むげん》が谷に新しい噴火口ができた」と『信濃国浅間岳之記』に記されている。浅間の噴煙は偏西風にのって東側に流れるのが普通で、私も一度も西に流れる煙を見たことがなかっ

第2表　浅間山噴火

年号	西暦	月日	出典
慶長元年	一五九六	四月四日	天明信上変異記
八年	一六〇三	十二月三日	当代記
九年	一六〇四	二月十日	当代記
		十一月下旬	当代記
十四年	一六〇九	三月朔日	当代記
正保元年	一六四四	正月十三日	日本災異志
二年	一六四五	四月二十六日	天明信上変異記
		五月二十六日	信濃国浅間岳之記
四年	一六四七	四月十四日	日本災異志
慶安元年	一六四八	正月二十六日	天明信上変異記
二年	一六四九	七月十日	天明信上変異記
承応元年	一六五二	三月四日	天明信上変異記
明暦元年	一六五五	十月二十八日	日本災異志
二年	一六五六	十月二十五日	浅間山
三年	一六五七	十月二十日	天明信上変異記
万治元年	一六五八	六月二十四日	日本災異志
二年	一六五九	六月五日	天明信上変異記
三年	一六六〇	二月二十八日	日本災異志
寛文元年	一六六一	三月十五日	信濃国浅間岳之記
		閏八月二十八日	天明信上変異記
九年	一六六九	三月十五日、二十八日	信濃国浅間岳之記
宝永元年	一七〇四	正月朔日	天明信上変異記
三年	一七〇六	十月十六日	日本災異志
五年	一七〇八	十一月二十八日	信濃国浅間岳之記
七年	一七一〇	三月十五日	日本災異志
正徳元年	一七一一	二月二十六日	天明信上変異記
享保二年	一七一七	八月十九日	日本災異志
三年	一七一八	九月三日	天明信上変異記
五年	一七二〇	五月朔日	日本災異志
六年	一七二一	五月二十八日	浅間山
八年	一七二三	正月朔日	天明信上変異記
		七月二十日	天明信上変異記
		八月二十六日	信濃国浅間岳之記
十三年	一七二八	十月九日	日本災異志
十四年	一七二九	十月	浅間山
十六年	一七三一	五月二十八日	浅間火山
十七年	一七三二	六月九日	日本災異志
十八年	一七三三	六月二十日	天明信上変異記
宝暦四年	一七五四	六月十九日	無二物語
		七月二日	信濃国浅間岳之記
安永五年	一七七六	七月二十三日	信濃国浅間岳之記

たので、この記事にはいささか疑問があると考えていた。

ところがこの噴火と関連して、浅間の西南に位置する佐久郡五郎兵衛新田村（現北佐久郡浅科村《あさしな》）におもしろい文書が残っているのに気がついた。この村では七月二日に浅間山が爆発して焼砂が田畑作物に一面に降りそいだので、同月五日に手まわしよく、今年の作柄は皆無作《かいむさく》（作物が全滅の意）同然の出来具合でしょうと、代官所に注進したのである。珍しいことなので代官所では見分の役人を派遣することになった。ところがその間に雨が降って作物にかかっている焼砂灰を洗い流してしまったので、見分役人が見分に来た時は、その痕跡《こんせき》はあとかたもなく、「今年はこのあたり一帯が旱魃《かんばつ》気味であるが、この村（五郎兵衛新田）はそのうえに焼砂が降り、作物がひどく傷んだとの注進だったので、それは大変、見てくるように命ぜられてやってきたのだが、来てみると砂が降ったようにも見えず、また砂の降らなかった村と見較べてみても、一向に作柄はちがわないように見える、これはどうしたことか」と叱《しか》られてしまい、その弁明に四苦八苦したというのである。『信濃国浅間岳之記』に佐久・小県地方は一日じゅう煙が地面をはって、おぼろおぼろとして一体いま何時くらいなのかも判らぬほどであった、という表現はまさにそのとおりであったのである。五郎兵衛新田にも薄く灰が降ったのを、村側がおどろいて、皆無作うたがいなし、と注進してしまったのであろう。

このあと、安永五年（一七七六）、同六年にも〝大焼け〟の記録がみられる。

さてこれら数多い浅間の噴火のなかで、嘉承三年（一一〇八）と弘安四年（一二八一）のものが、とくに大きく、続く天明三年（一七八三）のものと合わせて、浅間山の三大噴火と考えられている。なお今回鎌原村を発掘した際に、天明浅間押しの被覆土《ひふくど》のなかから、これら二回の噴火の際に火口から出てきたと推定される岩石が多数発見された。

浅間山

さてこの浅間山は、標高二五四二メートル、長野県と群馬県との境に位置する名山である。町村名でいえば長野県軽井沢町・同御代田《みよた》町・同小諸《こもろ》市と群馬県吾妻《あがつま》郡嬬恋《つまごい》村にまたがる三重式コニーデ型の活火山である。第一外輪山には黒斑《くろふ》山（二四一四メートル）・剣《けん》ヶ峰《みね》（二二八八メートル）があり、第二外輪山には前掛山（二四一〇メートル）があり、その間にできた火口原を湯の平という。この平の水は黒斑・剣ヶ峰の間を流れでて蛇堀《じゃぼり》川となって小諸市与良《よら》町のはずれを通って千曲《ちくま》川に流れこんでいる。また第二外輪山と中央火口丘の間にできた谷間を無限の谷という。

まだ浸食のあまり進まぬ幼年期の地形で、小浅間・石尊山・離山などの寄生火山と、火山灰と火山礫《かざんれき》からなる広大な裾《すそ》野と、優美な山容をもった日本有数の名山である。『伊勢物語』の第八段に、

しなのなる浅間のたけに立つ煙
をちこち人のみやはとがめぬ

とあり、また『新葉集』に宗良親王《むねなが》の歌として、

信濃路やみつゝ我がこし浅間山
雲は煙のよそめなりけり

とあるように、常時煙をはいている高山として古くから知られており、四阿山《あずまやさん》・白根山《しらねさん》とともに、浅間山系の山岳信仰・修験《しゅげん》道場としても有名であった。

修験道場としての浅間山は、もちろん〃役《えん》の行者〃説話を伴っており、行者が持統天皇の九年（六九五年、ただし〃九年丙申《ひのえさる》〃とあり、丙申をとると十年となる）にこの山に登拝したのが始まりとされる。このとき東北の山中に柳の井があり、ここに黒蛇がいて毒

第7図　佐久側から見た浅間山

第8図　真楽寺（長野県北佐久郡御代田町塩野）

をはいて人をよせつけなかったのを、行者は剣でこれをたたき退け、峰に登ってそこに草堂を設けて修行をしたが、百鬼の類がやってきて妨げをするのを、虚空《こくう》蔵《ぞう》菩《ぼ》薩《さつ》が現われて昼夜守護をしてくれたといわれている（『浅間山焼出大変記』）。

修験の根拠地としては、山の南側には真楽寺（現御代田町塩野）、北側には延命寺（嬬恋村鎌原）の二寺があった。ともに浅間山別当寺を称し、浅間登拝の足場となっていたが、江戸時代中期の宝永年間（一七〇四―一一）に両寺の間に別当争いがおこった。結局、浅間山は上州・信州の国境にあるので、山の南北にある両寺をともに別当とするのが穏当であろうというので、両寺ともに〝浅間山別当寺〟を称し、本体である浅間大明神の御札を配るようになった、といわれている。

なお南側にある真楽寺は現在まで残って偉容を誇っているが、北側にあった延命寺は天明三年の浅間山大噴火によって鎌原村とともに流滅してしまった。

この延命寺は、応仁三年（一四六九）三月十日に、越前国松葉城というところから老僧が登拝し、山頂で一夜をあかしたとき、いろいろと不思議な霊夢をみたので、ふもとの鎌原村に草庵《そうあん》を結び、以後たびたび登拝して行をしたのが始まりだという説（『浅間山焼出大変記』）と、長暦《ちょうりゃく》三年（一〇三九）四月八日に、鎌原一円を支配する鎌原石見守《いわみのかみ》幸重が浅間山園乗院延命寺という名の寺を建立、ここに行基菩薩作の虚空蔵菩薩を納めたのがはじめとする説（『上州浅間岳虚空蔵菩薩略縁起』）がある。なお東叡山《とうえいざん》寛永寺の末寺となるのは寛文五年（一六六五）のことである。

さてこの延命寺の僧の先導で毎年四月八日に、このあたりの村々の人たちが山頂に登拝し、火口（釜《かま》）のまわり一里余りあるのを念仏をとなえながら廻《まわ》るのが慣習になっていたが、たまたま享保九年（一七二四）閏《うるう》四月八日の日、人々が登拝したところに大きな爆発があり、多数の死者がでたので、以後閏月のある年にはこの登拝をしないこととなったといわれている。

またこの山について信州小県郡と上州三原（鎌原の隣接村）との間に国境争論があり、元禄十四年（一七〇一）幕府の裁許があって火口部分は上州、それより南側は信州ということになった。天明の大噴火はそれより八十二年後の天明三年であるが、火口から天空に吹きだしたものは別として、流れでたもの（「吾妻火砕流《かさいりゅう》」「鎌原火砕流」「鬼押出溶岩流《おにおしだし》」）は全部この裁許にしたがって上州側に流れたのは皮肉である。

噴火《やけ》はじめ

日本火山災害史ではもちろん、世界火山災害史上でも第一級といわれる「天明の浅間山大噴火」は天明三年四月八日（旧暦。新暦になおすと五月八日。以後とくに注記しない限り旧暦で日時を記す）に始まった。

もっとももこの噴火初発の日については、地元の大笹《おおざさ》にある無量院住職の手記（以下『無量院住職手記』と略称）に「天明三卯《う》四月八日初に焼出し、煙四方に覆ひ、大地鳴ひゞき、戸障子ひゞき地震の如し」とあるのをとっての説であって、同じく地元吾妻郡原町（現吾妻町原町）の富沢久兵衛の手記（以下『富沢久兵衛手記』と略称）には「当四月九日焼候所、拾里四方にて雷電か、ぢしんかと思へバ、浅間ニ煙立焼上ル」とあり、浅間山の南側の状況を記した『天明雑変記』にも「四月八日諸人登山、同九日より焼初ると沓掛《くつかけ》宿立札有」とあって、九日より始まったとするものが多く、四月九日を初発としたほうがよいような気がするが、ここでは通説にならって一応四月八日を初発としておく。

この時はさしあたり中規模の噴火であったのだろうが、そのあとしばらく休止していたが、約四十五日たった五月二十六日の巳《み》の刻（午前十時ごろ）第二回目の爆発があった。今度は前回より規模が大きく、地震のような鳴動とともに、天にまでとどくかと思われるほど高く噴煙があがり、それが東に流れて各地に灰を降らせた。その有様を富沢久兵衛は「五月二十七日に諸国に灰降る。その後もたびたび焼灰降り、草木白く成る。馬に草をやるにも灰を洗ってからあたえ、また桑《くわ》の葉も洗って蚕にやったが、毎日降るので養蚕も今年は半吉であろう」と書いている。この大爆発のあとも噴煙がたえなかったのであろう。

第三回目の大爆発は六月十八日におこっている。この日は夜の五ツ時（午後八時ごろ）に噴火があり、火口より一〇キロ以上はなれた田代《たしろ》・大笹・大前《おおまえ》・鎌原（以上いずれも現嬬恋村）にも小石（火山礫）が降って、それが三寸ほど積っている。

ついで同二十八日より一段と大きな噴火が始まる。山の南側から見た状況を記した『信濃国浅間岳之記』には「二十六日の明ケ六ツごろ（午前六時ごろ）より石臼《いしうす》をひくような音を伴った地ひびきが十二時ごろまで続いたが煙のほうは普段と変わらぬほどの薄さで、かえって人々は気味悪がった。翌二十七日は前日と同じ時刻に鳴動がはじまり煙が吹きあがって東の方へおれなびいた。翌二十八日にはやはり同じ刻に鳴動がはじまり太い煙が火口をおおい、どれも東に折れて山を伝っていった……」と記している。一方浅間の北側にいた無量院（大笹在）住職の筆記には「二十八日には昼すぎになって近辺に砂が降り、同日の十二時ごろになって大爆発があり、大地がしきりに鳴動した。火口からの黒煙は以前より強くなり、山の中から赤い雷がしきりに走りでた。人々は身の毛もよだつほどで、見る者はおそろしさのあまりひや汗を流し、気絶せんばかりであった」とある。

以降二十九・三十日とだんだん激しさを増しながら噴火はつづき、七月になると「七月になり、毎日毎日焼ける。信州・上州・相州・武州・野州・常州あたり、灰二、三寸より五、六寸ほどの白毛降る」(『富沢久兵衛手記』)とあるように、鳴動と噴火をくりかえし、周辺に多量の軽石を降らせるとともに、降灰は関東一円におよび、そのなかに三寸から五、六寸ほどの白毛(マグマが、ひきのばされた状態で急に冷却されたため、センイ状のガラスになったものをいう)が交って、ふわりふわりと降ってくる有様であった。

最後の大爆発

これまででも大変であるが、七月六・七・八日の最後の三日は、それこそ〝筆舌につくし難し〟というか、〝言語に絶す〟というか、それこそ、この世のものとは思われぬ激しいものであった。

七月六日(新暦八月三日)の午後二時ごろから、いままでには見られないような激しい噴火が始まり、大量の軽石を降らせたが、それが終わった六日の夜から七日にかけて、火口から灼熱《しゃくねつ》した大小の溶岩流が浅間北側の火口壁を越えて流出し、山体の東北側に流れでて地表を覆った。現在の北軽井沢別荘地帯南部を覆っている吾妻火砕流と呼ばれているのがそれである。

翌八日（新暦八月五日）午前十時ごろ、「信州木曽御岳《おんたけ》・戸隠山《とがくし》あたりから、光るものが浅間山の火口に飛び入り山がむくむくと動きだしたかと思うまに」（『浅間山焼出大変記』）、一大音響とともに浅間山は再度大爆発をおこし、幅三〇間（約五四メートル）、高さ数百丈（約一五〇〇―二〇〇〇メートル）にも及ぶかと思われる火煙を噴きあげたが、それが北側に崩れ倒れかかったと思う間に火口から噴きでた多量の溶岩流が、今度はまっすぐ北側に急斜面を滑りおち、途中の土砂岩石を巻きこみながらその量を増し、あっという間に火口から

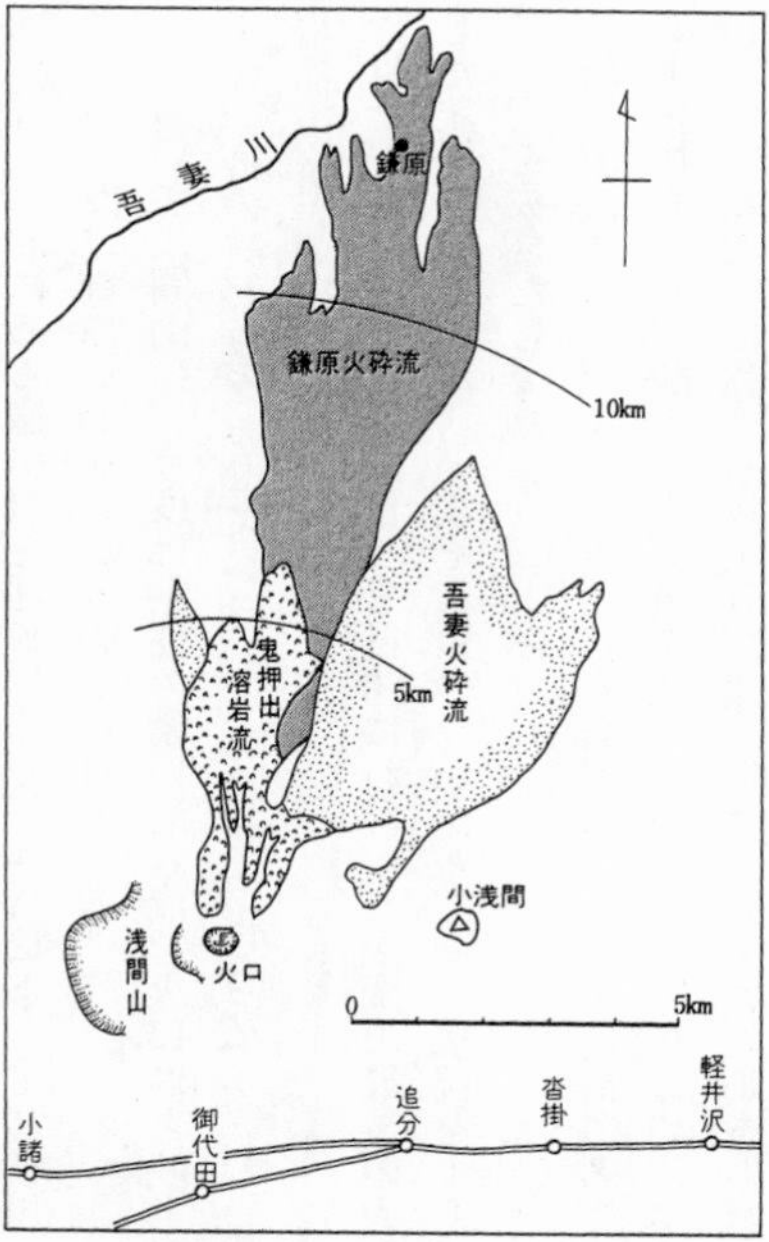

第9図　浅間山噴火略図（水上武氏作図）

約一五キロ北にある鎌原村を埋め尽くし、さらに下って利根川の支流の吾妻川までなだれ落ちて行った。鎌原火砕流というのがこれである。

つづいて浅間山は、今度は粘性の濃い溶岩流を火口から吐きだし、さしもの大噴火も同日午後一応の終わりをみせている。この最後の部分が、今日〝鬼押出《おにおしだし》〟の名で知られている〝鬼押出溶岩流〟である。

以上が七月六・七・八日、三日間にわたった浅間山最後の大爆発の概要で、その状況を記した記録は数多いが、いまそれらのなかから、その状況をよく表わしていると思われるもの二、三を抜きだしてみよう。

『信濃国浅間岳之記』には「七月六日未《ひつじ》の刻（午後二時ごろ）より大に鳴渡り、黒煙吹上げ突上げ押まくり、数十丈高く天を覆ひ、いな光り火打の如く飛散り、中より昼中火炎すさまじく、鳴動次第に強くやけ上り、農夫往来の人もただあきれはて、空のみ眺め胸をひやす。夜に入りてなお山上皆紅いの如くなり。雲中より火玉四方八面へ飛びしく。また東の方へ煙横たへ、西の方牙山《ぎっぱ》の方へ大石小石煙の中よりほど走り、花火の星下りといふが如く、南西へ飛ぶ石は山伝へに転び、裾野へ落ちかゝり山の腰を焼く。数万の松明《たいまつ》桟道にならべたる如し。硫黄まじりて青火もあり、天を焦し、地を焦し、鳴動はしきりに強く、皆せつない時の神棚へ灯明を上げ、祈りたたえて寝る者もなく、戸障子、から紙地震のごとくわたり〳〵と鳴はづれ、山岸村には取分てみなみな騒ぎたて、明れば七夕、追分、沓掛などは、明るを遅しと逃出し、……」とある。

さて七月七日であるが『無量院住職手記』には、「七日、鳴音前日より百倍きびしく、地動くこと千倍なり。これにより老若男女飲み食をわすれ、立たり居たり、身の置所なく、浅間の方ばかりながめ居り候ところ、山より熱湯湧出《わきだ》しおし下し、南木の御林見るうちに皆燃え尽す。鹿《しか》、犬の類皆燃死す。原も一面の火に成り、目もあてられぬ次第なり。天に吹きあぐること百里もあるべきかという。惣《すべ》のめぐり石落こと雨のごとし。たとえていえば、白熊《しろくま》をふりたてたるごとく、口もとどかず、筆にもおよびがたき大焼」とある。また『富沢久兵衛手記』には「七日の申ノ刻ごろ（午後四時ごろ）浅間より少し押し出し、なぎの原へぬっと押ひろがり、二里四方ばかり押しちらし止る。さてまた七日のばんより八日の朝まで、その焼けようのすさまじさ、十里四方にて戸かぎもはずるる程にゆれわたり、大地にひびき焼る」と、『無量院住職手記』には、「八日、昼四ツ半時分少し鳴音静かなり。直に熱湯一度に、水勢百丈余り山より湧出《ゆうしゅつ》し、原（六里ヶ原）一面に押し出し、谷々川々押しはらい、神社、仏閣、民家、草木何によらずたった一おしにおっぱらい、その跡は真黒になり、川筋村々七十五ヶ村、人馬のこらず流失、この水早き時一時に百里余おしだし、其日の晩方長子（銚子《ちょうし》）まで流出るという」と書いている。

第三章　浅間大噴火の被害

浅間南麓の被害状況

この天明三年（一七八三）の浅間大噴火の被害は甚大であった。まず直接的な被害からのべよう。吾妻火砕流が流れでた七月七日、鎌原火砕流および鬼押出溶岩流の流れ出た七月八日という最後の二日までは、噴火の被害は主として浅間山南側に集中していた。それは地球の自転でおこる風が、浅間山より東南東へ流れていたせいであろう。四月（旧暦）からはじまった噴火が、初めは大きな中休みをはさみながらだんだんとその間隔をつめ、六月二十八日からは休みなしの連続となるが、七月三・四日になると一段とはげしくなり「軽井沢・碓《うす》氷《い》・坂本・安中《あんなか》・高崎・武州児玉《こだま》郡・同榛沢《はんざわ》郡など三十余里の間に灰砂が二、三尺もつもり、とくに碓氷峠には五、六尺もつもったものだから人馬の通行ができなくなったので、上り下りともに大名行列は中山道をさけて甲州街道を通るようになった」（『浅間山焼出大変記』）。

七月五日には「朝夕地震の如く、人心船に乗りたる如し」（『宝暦現来集』）であったという。そのせいでもあろうか、六日は朝から猪《いのしし》・鹿《しか》・狼《おおかみ》などが山中から数多く走りでて旅人を追ったり、木こり・草刈りの人馬に喰《く》いついたりして、人々を驚かした。この時中山道の軽井沢・沓掛・追分《おいわけ》の三宿にもこれら獣たちが走りこんだらしく、『浅間山焼昇之記』には「中山道軽井沢・沓掛・追分ノ三宿震動焼石降、山中ノ獣荒出ス所」と題して、降りそぐ火石で大混乱の宿場に、猪・狼などの獣が走りこみ、そのうえ馬まで暴れだし、雨戸・足洗《あしあらい》桶《おけ》などをかぶって逃げまどう人々をけちらしている様が緊迫感をもった筆でえがきだされている。

第10図　軽井沢追分

と思うと、同日午後二時ごろから大焼けとなり、雲の中から火玉が四方八方に飛び散って、浅間山の裾野《すその》は一面火の海となった。明けて七日、続けて八日は、ますます大焼けとなり、天地も終わりかと思われるほどであった。

噴煙が流れでる浅間より東南側は、日中から真っ暗になり、上州・武州では、家々は昼間から灯火をともし、また、外を出歩くにも提灯《ちょうちん》を持ったといわれている。秋田藩（佐竹氏二〇万五八〇〇石）の家臣青木九蔵は伊香保温泉に湯治に行った帰り、七月七日に深谷宿《ふかや》（埼玉県深谷）の恵比須屋《えびす》に止宿していたが、その日の様子を「朝八時ごろより雷が強く、光のおびただしく、一里ほどの所に落ちて燃えあがった。一面に赤い空に雨は降っていないが雷はますます強く、駕籠《かご》かきが驚いて駕籠を落すほどであった。午後の一時ごろより四時ごろまでは、まだ昼だというのに真っ暗で手さぐりで歩く有様、もちろん道の高低やら川溝なども見分けがきかず、人々は互いに声をかけ合いながら歩いた」と記している。

浅間より西南方向にある中山道岩村田《いわむらだ》宿・塩名田《しおなだ》宿も、風の関係で焼石・灰は降らなかったが、七日になるとさすが落ち着きがなく、人々はみな家財道具を荷造りし、食事を用意して外に出て浅間方向ばかり見ている有様であった。

さていよいよ最後の日、七月八日（新暦八月五日）である。浅間の南側で山に一番近いのは、軽井沢三宿といわれる中山道の軽井沢・沓掛・追分であるので、そこからみてゆこう。まず軽井沢では前日の大爆発で灰・軽石が四、五尺もつもり、道路と呑水《のみみず》用の水路が完全に埋ってしまった。そのため宿総出で用水路の掘り浚《さら》えをはじめた。しかし、あとからあとから焼石・灰などが降ってくるため、用水の確保は徒労に終わった。山はその晩から翌朝（八日）にかけて、ますます荒れ狂ったので、人々はついに家・家財をすてて逃げだしたが、まず二十四、五歳の男が、真っ赤に焼けた火石の直撃をうけて即死、人々の心はますます浮き足だった。

老幼婦女はもとより村の大部分の者は、夜具・布団・なべ・釜《かま》・ざる・すりばち・桶《おけ》などを頭にかぶって、南の方にある発地《ほっち》に向けて逃げだした。しかし、夜具・布団などは重すぎて行動の自由がきかず、また火石などが落ちてもえだすものもあって、たいてい途中で投げ捨ててしまった。また桶、なかんずく宿屋などでつかう足洗桶は、てごろな大きさでしかも頑丈にできているので、それを頭にかぶって走りだした者が多かったが、火玉や焼石などの直撃をうけると、ぽかんと底が抜けて額に傷などをうける者が多く、案外役にたたなかった。

噴火が終わるまでに軽井沢では、一・二メートルほどの灰・軽石が堆積《たいせき》、また直径五〇センチもある焼けた石が降ってき、落ちて砕けて火を噴いてあちこちに火事をおこした。当時軽井沢には三軒の本陣のほかに一八二戸の民家があったが、火災で焼けたもの五二戸、また降り積った軽石の重みで八日の午後二時ごろまでに二十二、三戸が潰《つぶ》れていたが、翌九日・十日の両日に雨が降って屋根の上に積っている灰・軽石が水をすって重みを増したため、それまでもちこたえていた家も次々に倒れ、潰屋《かいおく》はついに八二戸にもなってしまった。同年村側がつくった史料によると、この時の軽井沢の被害家屋は第3表のようになっている。このような時の常として、若干誇張があるとしても、全く無事という家はなかった、としてよいであろう。

幸いに人命の被害は一人ですんだが、馬一頭、牛三頭が焼

第3表　軽井沢の被害家屋

焼失家屋	52軒
潰家	82軒
破損家	48軒
本陣大破	3軒
合計	185軒

死、田畑五五町歩余が完全に灰・軽石で埋ってしまい、もちろん山林原野は火石のため火災をおこして焼失してしまった。

さてこの時、軽井沢の人々が何時ごろ町を捨てて逃げだしたのかということだが、次の記録から七日から八日にかけての夜半としておこう。記録とは美濃（岐阜県）の加納《かのう》藩士の田辺《たなべ》昆敏《やすとし》の書いた「見聞録」である。それによると美濃岩村藩の飛脚が、大爆発の前日、七月七日に軽井沢に泊ろうとしたところ、浅間山が鳴焼《めいしょう》につき宿泊はお断りとのことであった。それをたって頼みこんで泊ったところ夜中に鳴焼が甚だしく、これ以上は危険だということになって、宿中のこらず逃げだした、というのである。

火口に一番近いのは追分宿で、鳴動ともに一番激しかったので、七日の朝早々宿をあげて全員が逃げだすが、みな一様に全滅しているだろうと思いつつ噴火が静まったあと、八日・九日・十日とだんだん帰ってみると、不思議なことに火山の鳴動のために古家が少しばかり、ゆり潰されている以外は被害はほとんどなかった。

両者の中間にある沓掛は、石や砂が時々降りかかり、鳴動はもちろん激しく、村民のほとんどが逃げだしたが、焼石が降って来ることは少なく、後に残った村民が待ちかまえていて焼石が屋根におちると、大急ぎでかき落し、つき落ししたので、これも古屋が四、五軒潰れたのみで、たいした被害がなしに終わっている。

さらに西側に寄った中山道小田井《おたい》宿（追分のつぎの宿）も、人々は一応は逃げだすが大事にはならず、さらに西によった山頂より一二キロほどのところにある幕府の御影《みかげ》代官所陣屋でも、八日には重要書類を庭先の土中に埋めて逃げだすが、もちろん大事にはいたらなかった。

偏西風に乗って火口からの噴煙浮石が、東南東（↓軽井沢↓坂本↓松井田↓安中・高崎方面）に流されたためであるが、それだけに碓氷峠をこしたところにある坂本の宿の被害は、軽井沢についで大きかった。

坂本の宿は七月六、七日ころから砂石が降りはじめ、七日朝はとくに大雪のようで、どんどん屋根に降り積ったので、その重さで潰れる家が多かった。宿の若者たちは円坐《えんざ》・木鉢・布団などを頭にかぶって、落下物を防ぎながら屋根にのぼり、雪掻《ゆきかき》・鍬《くわ》などで積った石砂灰をかき落した。すでに地面にも四尺ほど積っているところに落したので、道路は一丈余も灰砂が堆積してしまった。そのうえ降る灰のために昼夜とも提灯・松明《たいまつ》をともしてでないと働けず、震動・雷電が激しいうえ、とうとう用水路が埋って水が使えないようになったため、一〇人足らずの人を残して八日には全部逃げだしてしまった。軽井沢と同様史料で坂本宿の被害を表示すると第4表のようになる。

坂本と軽井沢の中間が碓氷峠だが、峠の頂上にある熊野《くまの》神社は御社の棟梁《むねはり》まで埋ってしまい、その下にある町場も四尺ほど埋り、

第4表　坂本宿被害

潰　　　家	32軒
破　損　家	140軒
本 陣 小 破	1軒
合　　　計	173軒

第11図　横川関所（『浅間山焼昇之記』美斉津洋夫氏所蔵）

人々は横から穴を穿《うが》って潜《くぐ》って出入りする有様。こんなわけで峠の道も石砂灰に埋っているうえ、時々山崩れがあって人馬が通れる状態ではなく、軽井沢・坂本両宿間は通行止めとなった。

　このため通行荷物は相対《あいたい》賃銭で、(イ)上州一宮《いちのみや》から下仁田《しもにた》を経て香坂《こうさか》峠をこえて佐久の岩村田に出る日影新道、(ロ)下仁田から本宿《もとじゅく》をへて借宿《かりやど》（追分と沓掛の中間にある）に出て中山道に入る本宿通り、(ハ)坂本宿の手前の原村から分かれて入山《いりやま》峠ごえで借宿に出る入山道、などが利用され、中山道が復旧する十一月までこれが続いた。

　なお『浅間山焼昇之記』のなかに当時の横川関所の様子をえがいたものがあるが、それには戸板をかぶって碓氷峠を逃げおりてくる男、関所の柵内《さくない》に入って、やれやれと思った途端、焼石の一撃をうけて押しつぶされた哀れな男、思わず足をとめてそれをふりかえった男、かまわず逃げ続ける男などがえがかれている。

浅間北麓の被害状況

火砕流による被害

浅間山からほぼ真北（若干東にふれている）約二五キロのところにある関東地方第一の湯《とう》治場《じば》といわれた草津温泉は、その年も多数の湯治客でにぎわっていたが、四月八日（旧暦）に浅間山の噴火がはじまると、それまでに増して一層にぎわうようになった。浅間山頂から吹きだす噴煙が華麗に夜空をそめたからである。湯治客たちは夜になると〝両国の花火〟を見に行くといって、夕食もそこそこに浅間の見える高台まで見物に出掛けていった。しかし大爆発の二日前にあたる七月六日になると、さすが彼らもそら恐ろしくなって見物にゆくのを止めたといわれている。安全圏と見られていた浅間山北麓方面にもそれなりの予知現象はあったのであろう。

にもかかわらず、鎌原村の人々は運命の七月八日（新暦八月五日）も、「この日は天気もことのほかよく、焼灰降下への用心だけをして、各人土蔵に諸道具を入れ、自らも倉に入っ

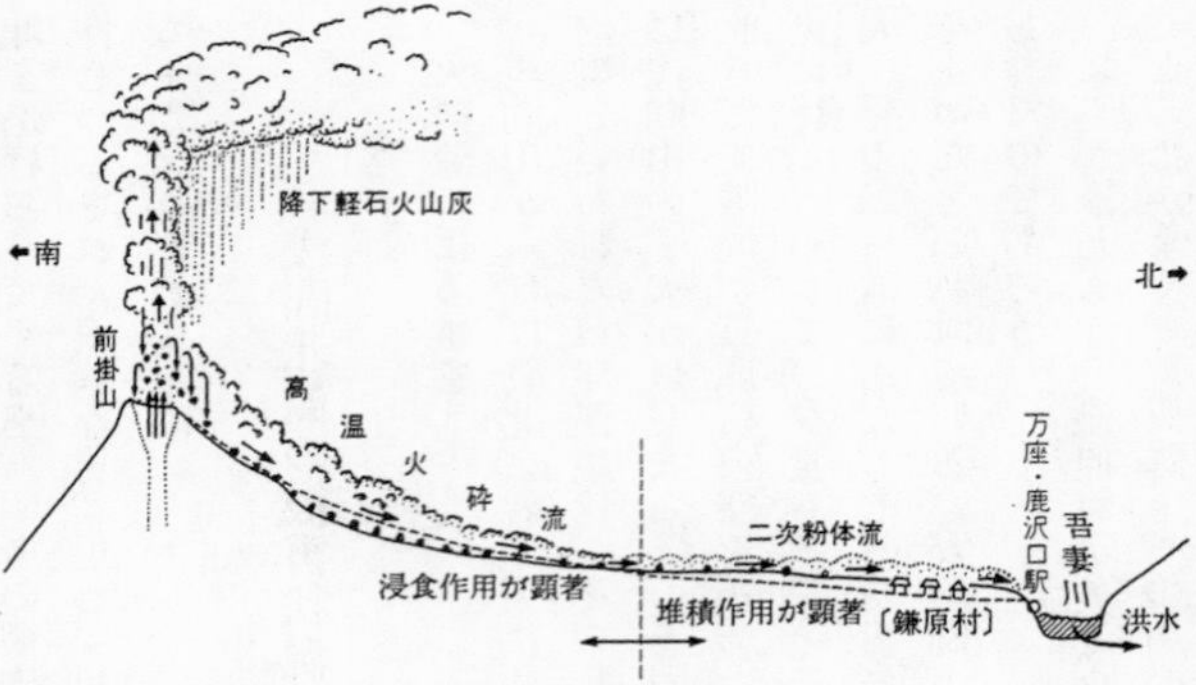

第12図　鎌原村を襲った火砕流（荒牧重雄氏作図）

て昼寝などをしていた」（『無量院住職手記』）といわれている。そこへ火口から約四キロ、標高差で一一〇〇メートルから一五〇〇メートルおりた所で、毎秒一〇〇メートルから一五〇メートルあったろうと推定される火砕流（水上武氏）が、途中の土砂・岩石などをも巻きこみながら、量と勢いをまして、あっという間に鎌原村を襲い、余勢をかって現国鉄吾妻線万座《まんざ》・鹿沢口《かざわぐち》駅上の崖《がけ》をこえて吾妻川になだれこんだのである（いまそれを荒牧重雄氏の作図で示すと第12図のようである）。

この時の鎌原村の被害は村高三三二石余のうち三二四石（九七・六パーセント）が、また九三軒あった家々が全部、厚いところで約一〇メートル、薄いところで二、三メートルにおよぶ火砕流層に覆い埋められた（昭和五十五年度夏のボーリング調査、第27図参照）。

そしてその上には一八間四方、また長さ二〇間、横一三間、高さ二間もあるものをはじめ、大小多数の火石が割れ目から硫黄を噴きながら村のあちこちに横たわっている有様であった。村民は全部で五九七人いたうち、四六六人（七八・一パーセント）が死亡、生き残ったのは一三一人、馬は二〇〇頭いたうち一七〇頭がやられてしまった。生き残ったのは当日他出していた者と、観音堂をはじめ火砕流の襲撃をまぬがれた小高い所に逃げ上った人たちである。ただし、その比率がどうなっているかは判らない。生き残った者のうち三八人は縁者などに引きとられ、村に帰って復興に取り組んだ者は九三人。一家全員無事という家はなかった（鎌原村のところは後で詳述）。

鎌原火砕流によって被害を被ったものに、鎌原村のほかに六里ヶ原御留山《おとめやま》がある。中山道沓掛（現中軽井沢）から浅間山東側の腰を通って大笹・鎌原に行く道の途中、鼻田峠をこえたあたりに六里ヶ原と呼ばれる大森林帯があった。そこは楡《にれ》・栂《つが》・樅《もみ》などの古木が繁った〝千古斧《おの》を入れない〟といった大自然林で、そのうち縦約二里半（一〇キロ）、横一里半（六キロ）といった一番中心部分が幕府の御留山になっていた。しかし、御留山附六ヵ村といって山附の大笹・大前・鎌原・狩宿《かりやど》・小宿・芦生田《あしうだ》の六ヵ村には、下草採りなど入会利用が許されていたので、これら村々の生活には欠くことのできない重要な部分となっていた。ところが鎌原村を襲う前の火砕流が、一気にこの大自然林をなぎ倒し、そのうえを溶岩・土砂・大石で埋めてしまい、その深さは二丈余にもおよんだ。

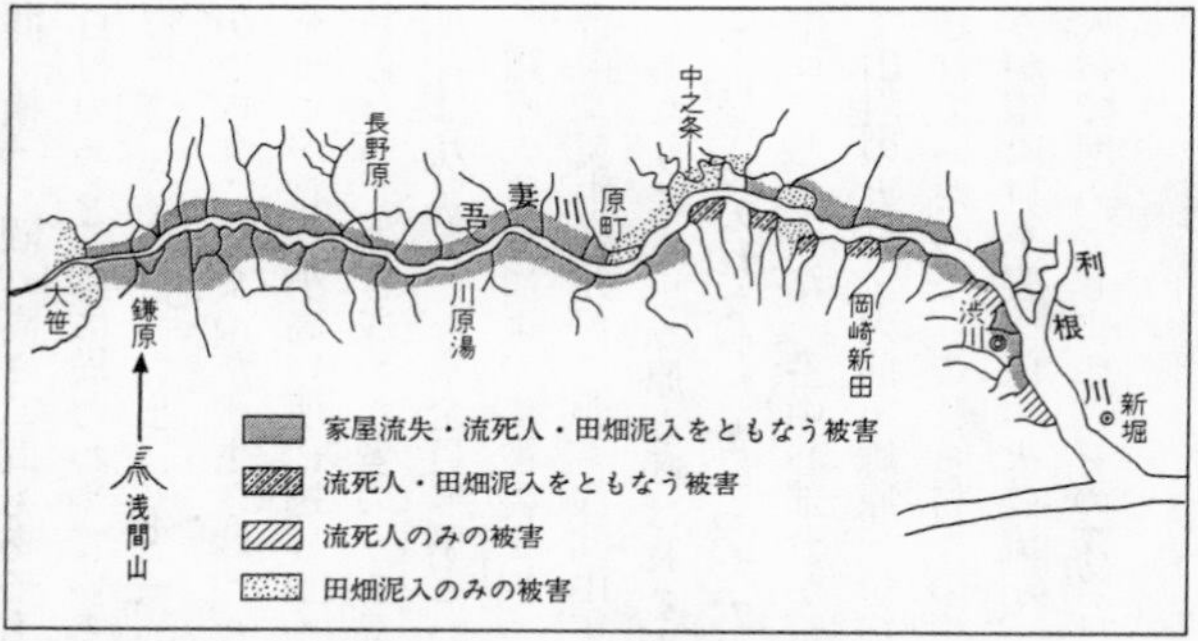

第13図　吾妻川沿い被害状況図（『群馬県史』より）

水・土石流による被害

鎌原村を襲った火砕流は、そのまま北へ突っ走り、現吾妻線の万座・鹿沢口駅上の崖から吾妻川になだれ落ちる。その時一時川をせき止めて大きなダムを造るが、それがやがて決壊して吾妻川両岸の地域、さらに利根川の合流地域周辺にまで被害を及ぼす。その第一は人畜命にかかわるものであり、第二は家屋の流失、第三は田畑の泥入りである。

それら被害の実数は史料によって若干の出入りがあるが、さしあたり『群馬県史』（資料編十二）の数字を取っておくと、被害村総数五五、流死人一六二四人、流失家屋一一五一戸、田畑泥入被害五〇五五石となっている。いま同書の吾妻川沿い被害状況図をかりると第13図のようになる。また被災直後幕府から派遣された根岸九郎左衛門鎮衛《やすもり》（勘定吟味役）は被害状況を第5表のように報告している。

前橋より少し北、利根川沿いの総社《そうじゃ》町は、この被害の最末端部分に近いところに位置するが、その町の名主の手記によると、「七月八日午後一時くらいに利根川に黒色の泥水が押し寄せて来た。水中から煙が立ち上り、家屋や大木その他雑多なものが流れて来、その間には人馬が泥水に浮沈するのが見えた。中には家の屋根や大木の類に取りつき、岸の人に手を合わせて、助けてくれと泣き叫ぶ者もあったが、見る間に水中より火石焼砂が燃え立って、それらの人に突き当たり、目前でたちまちのうちに溺《でき》死《し》する有様は、実に仏教でいう地獄というものも、これほどひどくはないだろうと思われる」と記している。

　この時の人牛馬の死体は、さらに利根川を流れ下り、正午ごろには前橋の現県庁裏あたり、それから一時間ほどのちの午後一時ごろには烏《からす》川との合流点（現玉村町）を通り、その多くが銚子から太平洋に流れでた。しかし、その一部は境（現境町）のところから江戸川に流れこんだようで、それが市川《いちかわ》御番所の手前にある中洲《なかす》（毘沙門洲《びしゃもんず》）に打ちあげられた。その数がよほどのものであったらしく、喜田有順は目撃談として「以前浅間焼候節、この洲わづかの洲にこれ有り候ところ、人馬ことごとく流れ来てこの洲に掛り、かくのごとく大なる洲と相成り申し候」（『親子草』）と記している。それを憐《あわ》れとして下小岩村の有志が供養したのが、東京都江戸川区東小岩二丁目の善養寺にある「天明三年浅間山噴火横死者供養碑」である。これは下小岩の村民が、横死者の十三回忌にあたる寛政七年（一七九五）に、墓所の上に建てたもので、現在東京都の文化財になっている。

流	(牛)馬(匹)	流死	
		1	大笹関所別状なし
93	200	170	
43	43	43	
—		2	温泉があるが湯に別状なし
27	76	1	
127	101	28	
24	8	8	
81	40	4	
40	41	29	
63	27	13	
21	30	18	
71	36	36	
24	20	12	
6	52	2	
24			
135	79	60	
		3	泥入荒となっている
	?	3	
4			
42	41	5	
7			
34		4	二階下までうまる。川原内に9間に8間高さ2丈余の火石三つに割れ押あげる
流失 30 泥埋 170	?	5	
42	8	3	
押潰シ13 泥入 47			
泥入34			
		5	見取畑の内少し泥入のみで被害なし
流失 29 泥入 15			
流失 20 潰家4 泥入17			
流失 24 泥入 25	21	1	
流失 2 泥入 69			

＊渋川と中村が二つずつあるのは、二人の領主の相給になっているため。

第5表　吾妻川沿い被害表（根岸九郎左衛門報告書より）

	村名	村高(石)	泥砂火石入(石)	人別(人)	流死(人)	家(軒)
吾妻川南縁	大笹	208	2.0			
	鎌原	332	324	597	466	93
	芦生田	602	151	183	16	43
	小宿	113	98		—	
	祖母嶋	434	40		—	120
	川島	686	486	768	113	168
	南牧	98	70	101	5	24
吾妻川北縁	大前	151	90	452	27	81
	西久保	51	24	160	54	40
	羽根尾	258	179	253	27	63
	坪井	84	24	140	8	30
	長野原	252	201	428	152	71
	横屋	134	98	134	9	35
	松尾	296	107	454	3	116
	郷原	222	20			
	原	902	128			229
	中ノ条	711	130			
	北牧	860	409	736	52	171
利根川南縁	渋川	549	29			
	渋川	1128	117			
	中村	317	245	418	20	
	中村	22	0.7			6
	半田	857	287	787	9	191
	漆原	1150	255			245
	植野	506	0.2			
	中嶋	250	210			57
	沼上	471	430			246
	新井	697	219			170
	八丁川原	339	261			196
	川井	824	434			105
	中瀬					
利根川北縁	上八崎	967	56			
	下八崎	420	15			
	田口	675	192			96
	関根	491	90			85
	上福島	608	186			101
	柴宿	730	308			140

ここで、善養寺について一言説明すると、星住山善養寺といい、同寺の縁起によると、今を去る四百余年の昔、足利義晴公の治世の大永七年（一五二七）、山城醍醐山の僧頼澄法印が霊夢をうけ、同山の不動明王の尊像を奉持して当地に下向し、一宇の堂を建てたのが開基とされている（ただし同寺にはこれ以前の記録が存在するとのことである）。江戸時代には朱印地一〇石、末寺百三十余寺をもつ大寺であった。問題の中洲（毘沙門洲）はこの寺より若干川上のところにあり（現在はなし）、供養碑も昔はこの中洲を囲む形で岸辺に建てられていたのを、江戸川の堤防改修の時に現在のように寺の門前に移されたという。なお同寺では昭和五十七年の二百回忌にあたり、つぎのような和讃をつくり被害者の供養をしているとのことである。

小岩善養寺
浅間山焼け供養碑和讃

一、樟《くす》の木《こ》の間《ま》に鎮《しず》まれる　石碑《いしぶみ》古《ふ》りて語らねど
二、嘆《なげ》きは深《ふか》し二百年《にひゃくねん》　天明三年《てんめいさんねん》夏七月《なつふづき》
三、天地《あめつち》くだく火柱《ひばしら》に　猛《たけ》り狂《くる》える浅間岳《あさまだけ》
四、長閑《のどか》な山の村里《むらざと》は　忽《たちま》ちかわる生地獄《いきじごく》
五、噴火《ふんか》に続《つづ》く山津波《やまつなみ》　七十余村《しちじゅうよそん》を押《お》し流《なが》す

六、水火の責めにさいなまれ　数万《すまん》のいのちみまかりぬ
七、哀しきむくろ谷を埋め　漂《ただよ》い出《いで》て幾十里《いくじゅうり》
八、流れて武州小《ぶしゅうこ》岩村《いわむら》　毘沙門洲《びしゃもんず》へとうち上《あが》る
九、村人こぞりなきがらを　涙《なみだ》ながらに掬《すく》い上げ
十、手厚《てあつ》くここに葬《ほうむ》りて　建《た》つる手向《たむ》けの石《いし》の塚《つか》
十一、年古《としふ》りところ変《かわ》れども　人の情《なさ》けのあたたかく
十二、浅間《あさま》のみたま安《やす》かれと　今《いま》も香華《こうげ》の絶《た》ゆるなく
十三、本尊能化地蔵尊《ほんぞんのうけじぞうそん》　守りましませとこしえに
十四、守りましませとこしえに　本尊能化地蔵尊《ほんぞんのうけじぞうそん》

さてこの時おきた吾妻川ぞい村々の被害は、ただ単に吾妻川になだれこんだ鎌原火砕流が、おちたあたりに巨大なダムをつくって、それが決壊して一気に流れ下ったといった単純なものではない。吾妻川は、両岸に吾妻渓谷と総称される切りたった断崖《だんがい》をもった深い谷間をくねりながら流れ下る、日本でも有数の渓谷で、それはまさに猿飛佐助の故郷というにふさわしいものである。そのところどころに小さな枝川といっても小枝に近いものが流れこんでいるが、そのあたりにわずかばかりの水田を含む耕地がひらけている。川の狭窄部《きょうさくぶ》や屈折部に土砂・流木がたまると、この部分に逆水となって満ちあふれ、やがてそれが決壊する

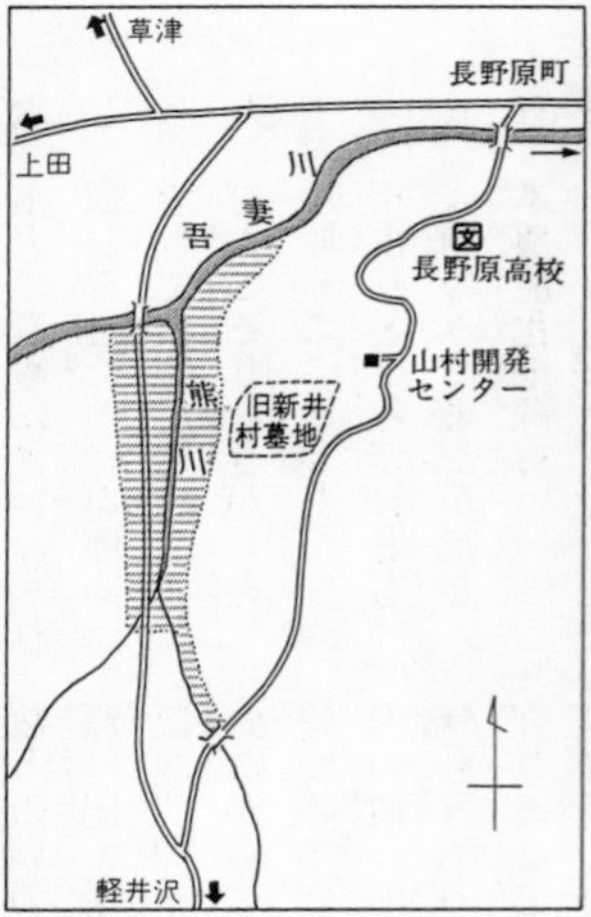

第14図　旧新井村墓地略図（左）
第15図　逆水寛浣信女墓（上）

と、すいだすような形で、そこにあった家や人を激流のなかにひき出すのである。

　現長野原町の少しばかり上流の右側に熊《くま》川とよぶ小枝川がある。その両側にわずかばかりの水田と耕地があるが、ここに昔新井村という小集落があった。その東川ぞいの小山の林のなかに旧新井村の墓地があり、三三基の墓石が笹と雑木に埋ったまま忘れられている。そのなかの一つは〝逆水寛浣信女〟と戒名が刻まれており、死亡年月日が天明三年七月八日となっている。まさにこの墓は、この時の逆水でやられた女性のものであろう。また私は現場を確認していないが、小宿川の逆水でやられたものであろうか、小代村の墓地には、〝逆水流転禅定門〟と刻まれた同様墓石があるとのことである（市村敏氏談）。吾妻川沿岸部に被害の多いのはこのようにしてやられたのであろう。

戒名といえば、この噴火で最大の被害者をだした鎌原村のものはもっと生々《なまなま》しい。鎌原には多分明治年間に村民土屋馬十郎が村の旦那寺である常林寺に依頼して作成したと思われる「鎌原流死簿」なる帳がある。たびたび筆写される過程で誤写も含まれていると考えられるが、その戒名が注目をひく。

まず鎌原村の中世段階での領主であり、江戸時代には村の名主、また大笹にある関所の関守を務めていた鎌原家は、三名の死者を出しているが、その戒名は、

常覚院殿林宗禅峰居士　鎌原要右衛門
深如院法屋月海大姉　同　内室
源光恵明禅童女　同　息女

となっており、とくに注目をひくものではない。しかし、つぎの百姓七之助家は当主をはじめとして一〇人の死者を出すが、その戒名は、

倒川寛動禅定門　百姓七之助

如月智了禅定尼　同妻ろく
漢流禅童子　同伜七三郎
満川童女　同娘あき
濁川禅定尼　同娘なべ
此川童女　同娘きく
徂流童女　同娘まき
流讃禅定門　同兄友右衛門
宜川禅定尼　同兄嫁しも
川応禅定門　同甥円次郎

となっている。

以下この時の犠牲者四七七人の戒名が記されているのだが、そのほとんどの者に、川か流という字が入っており、また、海の字が入っているものもある。そのなかには、

惜流童女
昔流禅定尼
初流禅定尼

第16図　日光街道幸手宿中利根川人馬家土蔵流れ来ル図（『浅間山焼昇之記』美斉津洋夫氏所蔵）

流里童女
増流童女
流転禅定門
本流童女

等々よくも考えたものである、と思われるものが数々みられる。この時死亡した人々のほとんどが、〝火石泥砂〟におし流され、川を流れ、海にまで流されていったと、生き残った人々が考えていたことの現れであろう。

『浅間山焼昇之記』には「日光街道幸手《さって》宿中利根川人馬家土蔵流れ来ル図」と題する絵が収められているが、それには川のなかを男女・馬・

家・立木・臼《うす》などが押し流されてゆき、屋根の上で助けを求める腰巻き一つの女性もいる。また川岸にはあわてて舟を引き上げようとする者、これを助けようと衣類を脱ぎ捨てて川に向かって駆けだす者、あれよあれよと見守る人など、さまざまな人間模様がえがかれている。

屋根にのったまま押し流された話はこの他にもあるが、上流からいきなり水におそわれて屋根に逃げるということはないから、この熊川谷の例のようにじわじわと水位を増してくる逆水を逃れて屋根に上ったところを、本流にすいだされたのであろう。

なお昭和五十七年になって、関越自動車道の渋川《しぶかわ》インターチェンジの工事のため、渋川市旧中村地区の利根川より約四〇〇メートル西側の地区を掘っていたら、地下約三―三・五メートルのところに、天明三年七月の被災当時のものと推定される、うねを切った畑が出てきた。そこには畑境には桑《くわ》の木が植えられており、畑の一部には豆が実をつけたままおしつぶされていた。

第17図　発掘された畑（渋川市旧中村地区）

この中村は幕府から被災地見分のため派遣された根岸九郎左衛門（勘定吟味役）の報告書によると、村高三一七石のうち二四五石（約七七パーセント）がおしよせてきた泥砂のために埋められ、四一八人のうち二〇人（約五パーセント）が死亡したとなっており、その最後に、

「この村の利根川ぞいで三国往還になったところは、（浅間の）泥押しの時、川にそった家は残らず流失、また寺も一ヵ寺流失した。百姓藤兵衛の家は村の中ほどにあったが、大変丈夫な家作で、二階建であったのが流失をまぬがれた。この家は二階のすぐ下まで泥に埋ってしまったが、無事であった二階部分には男女六〇人ほどと馬三匹が逃げあがって助かったと村役人が申したてている」

と結んでいる。二階のすぐ下まで泥に埋ったといえば、三メートルから三・五メートルくらいになるので、この発掘現場の現状とあうわけだが、それにしても人間六〇人と馬三頭が難をまぬがれたという藤兵衛の家はよほど大きな家だったのであろう。

また井上定幸氏（群馬県立文書館副館長）の話によると、この渋川よりはさらに下った利根川左岸にある新堀《にいぼり》村（現前橋市）では、現在の地表より約七〇センチほど掘りさげると、おし倒された稲を表面にそのまま残した水田が出てくるとのことである。被害は予想外に広い範囲に及んだのであろう。

降石・降灰による被害

水上武氏（元東大地震研究所教授）は、浅間山最後の大噴火の時、直径一センチの軽石が上空一万八〇〇〇メートルまで吹き上げられたと推計している。もちろんそれとともに多量の焼石・微粒子状火山灰も同時に吹き上げられ、その重さに応じて火口周辺からはじまって全国各地に降りそそいだ。いまそれを各種記録からひろって表にすると第6表のようになる。上州・武州に多いのは、浅間の上空を強い偏西風が吹いているためである。

いま水上武氏が昭和十八年（一九四三）から同二十五年にかけて実測して作成した天明三年の浅間噴火による降灰堆積図を示すと第18図のようになる。噴火直後の記録と比較してみると、大体その三分の一くらいの数値になるのは、雨で流されたり、おしかためられたりしたためと考えられる。たとえば江戸は浅間の噴煙の流れた中心線より少し南によっているが、それでも八日は一日中曇り、降灰があり、江戸中の屋根が真っ白になるほどであった。

もちろん江戸より浅間山にもっと近く、かつ流れの中心部にあたるところはもっとひどく、たとえば中山道深谷の宿で最後の大爆発の一日前の七日の一時すぎに、すでにまだ昼間だというのに灰のために真っ暗になり、人々は手さぐりで、お互いに声をかけあって歩くほどであったことは先述のところである。

第6表　天明三年浅間山砂降りの状況

国名	郡名	地名	降砂量
信州	北佐久郡	軽井沢	120～150
		追分	50
		沓掛	90～150
		碓氷峠	120～180
		鼻田峠	240～270
		山中茶屋	105～150
上州	碓氷郡	峠町	150
		坂本	60～150
		横川	45
		松井田	30～120
		高梨子	61～85
		増田	61～85
		土塩	54～57
		後閑	45～49
		秋間	24～49
		磯部	30
		安中	24～76
		板鼻	18～60
		町屋	4
	甘楽郡	妙義	24～46
		菅原	6～9
		宇田	12
		一ノ宮	18～60
		七日市	15～18
		富岡	12～27
		中里	15～18
		高瀬	8～9
		小幡	9
	群馬郡	高崎	6～30
		佐野	6～9
		倉賀野	21～60
		中大類	11
		前橋	15～18
		室田	9～12
		三ノ倉	少々
	多胡郡	吉井	12～27
		片山	14
		矢田	12
		中島	12
		多比良	8～9
	多胡郡	下日野	6
		上日野	4
	緑野郡	白石	20
		新町	21～60
		三波川	18～30
		木部	14
		藤岡	9～27
	那波郡	玉村	15
	佐位郡	伊勢崎	6～7
	勢多郡	茂木	7
	新田郡	新田	6
	吾妻郡	大笹	12～15
		田代	9
		大前	9
		鎌原	9
		その他	15～18
武州	児玉郡		40～60
		栗橋	6
		幸手	6
		本庄	9～30
		岡部	30
		深谷	21～45
		熊谷	6～30
		鴻の巣	15
		蕨	少々
		板橋	9～12
		江戸	3
その他関東		常陸	少々
		上総	少々
		下総	6～12
		銚子	12
		安房	少々
奥州		二本松	少々
		仙台	少々
北陸		加賀	少々

注
(1)単位はセンチメートル。
(2)数値の幅は諸記録の記載に幅があるため。
(3)この表は鈴木やよいさんが作成したものに若干手を加えた。

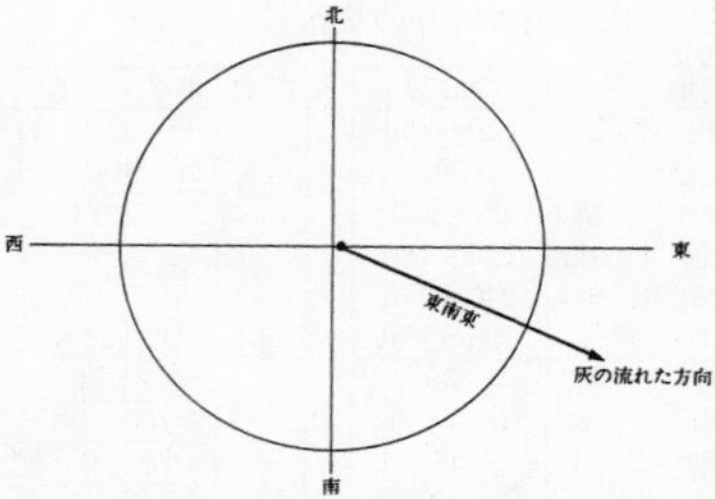

距離(km)	5	10	15	20	30	40	50
灰の厚さ(cm)	250	110	50	45	16	13	9

第18図　天明三年浅間噴火による降灰堆積図

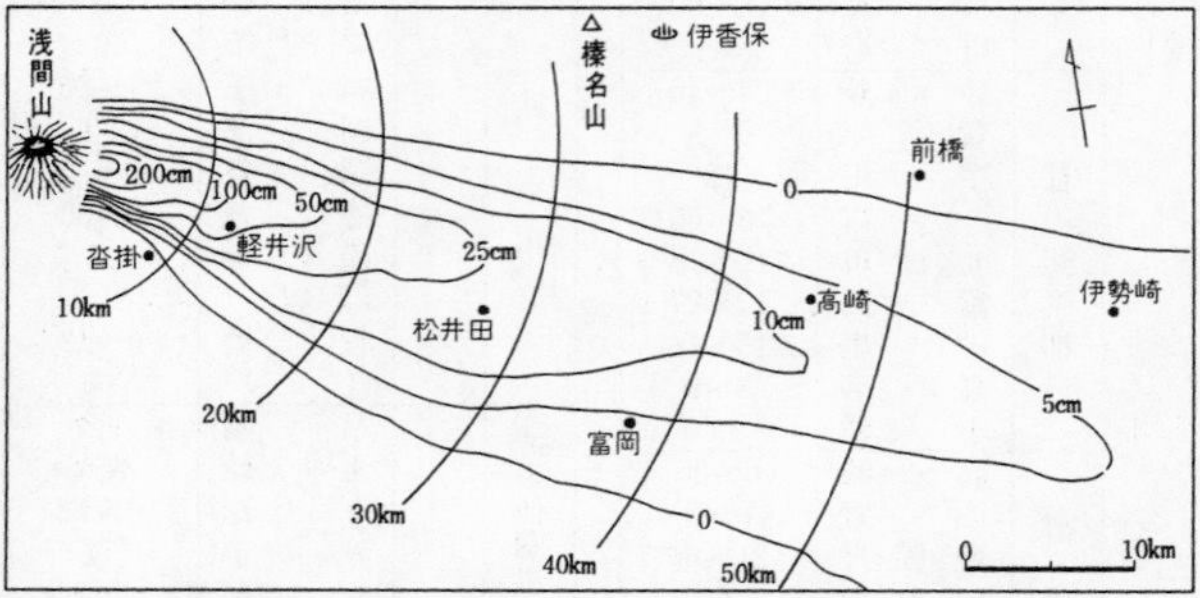

第19図　天明浅間浮石の分布と浮石層の厚さ（1934～41年の測定値。水上武氏作成図に火口よりの里程線を入れた。cmは堆積層の厚さを示す）

また越後国魚沼郡村々は浅間山のほぼ真北に位置するため、風の関係で降灰があったとは考えにくいのだが、大井平村・子種新田・宮野原村・寺石村（現中魚沼郡津南町）の四ヵ村

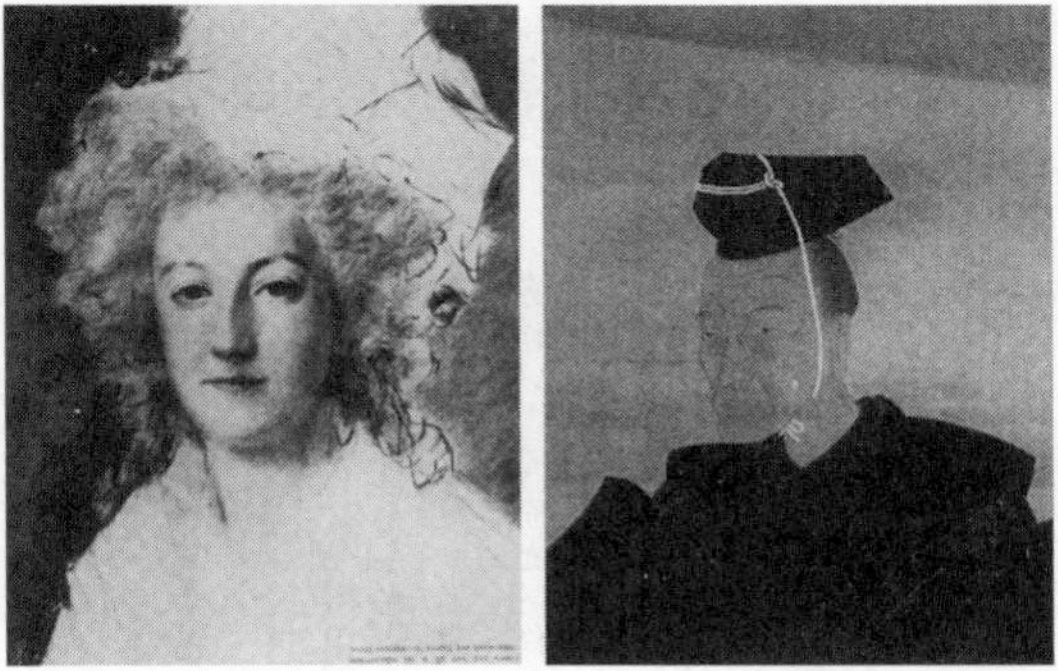

第20図　（左）マリー・アントワネット　（右）田沼意次

から、つぎのような訴状が出ている（子種・橋野英雄氏文書）。それによると天明三年六月の十八日の夜十時ころより灰が降りはじめ、翌十九日の十二時くらいまで続き、草の葉や地面に白く積った。その厚さは風上で四—五分《ぶ》、風下で二—三分《ぶ》であった。それで周辺の谷内・赤沢・外丸村などに問い合わせてみると、それら村々には降灰はなかったとのことであったというのである。深い谷間にある村々だから、襞《ひだ》がちがうと降灰にも差がでてきたのであろうか。

　これら降灰は、ちょうど成長期にあった農作物の葉面を覆ってその育成を妨げたのはもちろんである。のみならずそれらは、数年間にわたって成層圏に滞留して日光の照射を妨げた。

「癸卯《みずのとう》（天明三年）以後三ヶ年、凶歳飢饉《ききん》にし

て奥州一ヶ国の餓死人数凡《およそ》二百万人余」（『経世秘策』）といわれる天明の大飢饉は、冷害によるものであるが、その原因を百パーセントこの時空中に滞留した浅間山の火山灰のせいにするのは、もちろんできないが、その間に強い因果関係があったことは、気象学者をはじめ関連学者のひとしく認めるところである。

ところで三年後に起こった田沼意次《おきつぐ》の没落（天明六年）は、天明の飢饉を契機に群発する一揆《いっき》・打ちこわしにその原因があったことは周知のところである。またその三年後（一七八九）に起こったフランス大革命も、その数年前から続いた冷温と凶作による社会不安を原因としているので、それはまさに浅間山のこの天明の大噴火と関係ありとの論議が、昭和五十四年七月にイギリスで開催された「気候と歴史に関する国際会議」で行われたということが、それに出席した鵜川馨氏（立教大学教授）によって報告されている。

天明三年（1783）	浅間山噴火
天明六年（1786）	田沼意次失脚
寛政元年（1789）	フランス大革命

春秋の筆法をもってすれば、天明三年の浅間山噴火は、田沼意次を失脚させ、マリー・アントワネットをギロチンにかけた、ともいうことになる。

鳴動

さて降石・降灰とは少し性格がちがうが、天明の浅間大噴火には、いま一つ鳴動という問題がある。

『天明雑変記』には、浅間爆発にともなう鳴動は、南は甲斐・遠江《とおとうみ》・尾張・伊勢、北は北陸一円、西は中国、東は関東一円に、また奥州白河・二本松というように本州中に鳴り響いた、とある。

また、『無量院住職手記』には「七月六日、八ツ時（午後二時ごろ）よりしきりに鳴立ち、きびしきこと天も砕け地も裂けるかと皆てんとうす。まず西は京・大坂あたり、北は佐渡ヶ島、東えぞがしま松前、南は八丈みやけじままで、ひびき渡り、物淋《ものさび》しき有様なり」とある。浅間山爆発の鳴動が、西は京・大坂あたり、北は佐渡ヶ島、東は北海道の松前、南は八丈・三宅《みやけ》島までひびきわたった、というから大変である。

まず問題になるのは、遠隔地にいて何でその鳴動が浅間山で起こったことと判るのか、ということであるが、それは当時大笹の問屋の長左ヱ門のところへ、諸国の大名から情報をとりに来ているので、彼らがもたらした情報とすれば一応納得がゆく。それにしてもそんなに遠くまでという疑問がわくのだが、それに関して若干の史料がみつかったので紹介しておく。

浅間山から日本アルプスを越えた裏側にあたるところに加賀一〇〇万石前田侯の城下町金沢がある。『加賀藩史料』のなかにこの金沢での浅間爆発時の様子を書いた史料があるので紹介しておこう。

「（天明三年）六月二十九日。朝から霧雨、午上刻ごろ（午前十一時ごろ）から雷が鳴り止まずつづいて鳴る。そのうちには大きい音と小さいのが交っていた。これは雷鳴だとはじめは思っていたが、山が鳴っているのだということになった。ただしどの山が鳴っているのかは判らなかった。翌七月一日にも午後四時ごろ山鳴りがあったが、昨日のよりは弱かった。二日やはり午後四時ごろより黄昏《たそがれ》まで山鳴りがあった。これまでより大分強く、そのうえ戸障子までひびき動き、女子供がこわがった。三日は午前二時ごろに大きな山鳴りがあり、家の中にいることができず皆庭にとびだした。この山鳴りは東北の風（あい）と西南の風（下り）とがぶつかりあったとき発するのだとのことであった。またそうではなくて硫黄山か立山が鳴るのだとの説もあって、どれがほんとうか判らなかった。四日・五日は山鳴りがなかった。六日明けがたの四時ぐらいをはじめとして三度ばかり山鳴りがあった。七日は今までにないほどの鳴動が強弱ないまぜながら、くりかえされ、黄昏どきになるとなおひどくなり、強いときは今にも戸障子が倒れるのではないかと思われるほど家屋が鳴動した。八日は午前三時ごろよりまた強い鳴動があり、八時ごろよりもっと強くなり、ついには天地がひっくりかえるような鳴動のあと、やがて静かになった。ともあれ七日の明けがたより八日の午前九時ごろまで、ほとんど一昼夜たえまなく鳴動、その強いときは百・千の太鼓を隣村でうちならすようで、人心は波の上に漂うようであった。その日（八日）の午前十一時ごろまた少しばかりの鳴動があり、夜も同じであったがしばらくして止んだ。九日はおりおり鳴動、今日になって、あれは信州の浅間山が噴火したのだということが判った」とある。また隣の越中（富山県）でも同様の鳴動があったとの記録が、富山大学蔵『川合文書』のなかにある。金沢・富山でこれだけひどかったところをみると、京・大坂、八丈・三宅両島から、えぞの松前まで聞こえたというのは、あながち誇張ともいえないだろう。

杉田玄白の見聞

『蘭学事始』で有名な杉田玄白は多様な才能の持主で、彼二十八歳の宝暦十年（一七六〇）ごろから、五十五歳の天明七年にいたる約四半世紀にわたる世事見聞を書き留めた『後見《のちみ》草《ぐさ》』という随筆集を残している。そのなかに彼が五十一歳のとき起こった天明三年の浅間大爆発に関する記事がある。当時彼は江戸に住んでいたので、ここで自ら見聞きしたことを書き留めたものである。それによると、

「天明三年、今年もまた関東各地は春より夏にかけて、晴れる日は稀《まれ》でたいてい雨が降っていた。それにたまたま雨が降らない日も、雲が重くたれこめていた。六月も暑さを知らず年寄りたちは冬のものを着てすごす有様であった。

さて七月になったが、空は一向に晴れやらず、ようよう四日・五日になってやっと暑くなったので、これで作物の実りもよくなるだろうと人々はよろこび話しあった。ところが六日

第21図　杉田玄白

の夜半ごろ、西北の方角で鳴動があり、雷かと耳をそばだててみるとそうでなく、一声一声きれぎれに鳴り渡った。やがて夜も明けたのに空の色はほのぐらい有様、庭を見ると吹いてくる風にさそわれて、こまかい灰が降ってきた。ようやくお昼ごろになって風も止み、降灰も止まってはじめて夜の明けた気持がした。

さてその日の夕暮れごろより昨夜と同様に鳴動が起こり、終夜止まなかった。明けて七日はなお激しくなり、降ってくる灰も大粒で、あたかも粟《あわ》か黍《きび》などを見るようであった。それを手に取ってよく見ると、灰ではなくて焼砂であった。またこれに交って馬の尾のようなものが同様に降ってきた。その色は白いのも黒いのもあった。これら降砂の積りかたは処によって差異があった。さて次の八日の早朝は、鳴動の強いことはいままでよりとびぬけていた。

人々の話しあうには、昔、薩摩国（鹿児島県）桜島の噴火した日は、空が曇り、灰が降ってきた。これはその時より多いので、遠国ではなく近いところ、つまり日光か筑波《つくば》の山が噴火したのであろう、ということであった。

さて十日の日、下総国金町《かなまち》村（現葛飾《かつしか》区金町）の勘蔵という名主が関東郡代の役所に訴えでて、昨九日の午後二時ごろ、江戸川の水の色が変わって泥のようになったので、不思議に思ってみていると、根からひっこぬけた大木をはじめ、人家の材木や調度類がどれもこまごまに折れ砕け、またそれに交って手足の切れた人馬の死骸《しがい》が数えきれないほど川一面に流れてきて、その日の夜半にいたってようやくまばらになった、と注進したとのこと。

　またそれに続いて日光街道幸手《さって》の宿より訴えがあって、同日同時刻ごろ、権現堂川・中利根川の二つの川筋へ、家や蔵のこわれた材木類、六、七寸くらいと思われる柱、そのほか戸障子・桁《けた》・椽《たるき》それにあらゆる調度の数々、また生木の大木などが、五尺ばかりに折れ、枝葉も砕け、皮もむけどちらが本末とも判らぬようになって流れ下るなかに交って、僧俗男女の屍《しかばね》が、手足もきれ、首もなく、子を抱き、あるいは手を取りかわしたまま、からだが半分ちぎれたりした生々しい死骸が、川の水の色もわからないほど一杯に浮かんで流れてきた。

　それらの中に上州群馬郡川島村（現渋川市川島）と書き付けた小荷駄の鞍《くら》を見付けたので拾って帰って、あちこちと人に尋ねたら、それは伊香保という湯治場より二〇里ばかり先にある村であると教えてくれた。

　またこの川の水筋へどんな毒が流れ入ったのであろうか、さきにあげたような雑物が流れすぎた後に、あらゆる魚類が水に酔ったような状態で、生きるともなく死ぬるともない形で流れてきた。これは定めて川上に大変なことが起こったにちがいない、あまりに奇怪なことなのでご注進します、と宿の役人より訴えてきたということである」

以上のような情報をはじめとして、杉田玄白は次々に入ってくる情報を逐次書き留めているが、そのなかに、これら大惨事は浅間山が鳴動とともに一度にさっと裂け開け、そこから上州吾妻郡吾妻渓谷へ熱湯を吹き出したため起こったのだそうだと記している。そしてこの吾妻渓谷の左右に続いている二〇ヵ村の村、そこに立ち並ぶ大家・小家はいうに及ばず、草木・人畜に至るまで、少しでも形のあるものは、有情《うじょう》・非情の差別なく、みな熱湯の中から飛び出してくる一〇〇間、五〇間の焼石にはねられ、みじんに砕けておし流されたのだと説明している。

そしてこれら被災村々のなかの坪井という村の珍しい事件を記している。それによると、「この村には助右衛門という大変富裕でかつ慈悲深い男がいた。この男の家は前は吾妻川にのぞみ、後は万山という大きな山をせおい、道より一丈ほど高いところに斜面を削って平地をつくり、そこに酒蔵二棟を建て並べ、またそこから石段をつくって一丈ばかり上の方につくった平地に居宅を建て、その庭の正面に大きな松を植えていた。その松は平地から見ると五、六丈ほどもあるのだが、今度の大事でもり上ってきた吾妻川の熱湯が、第一番目の枝にかかるほどであった。ともかく大変なもりあがりようであるが、助右衛門の平素の善行のおかげか一家合わせて九十余人のものが、のこらず後ろの山に逃げ登って横死する者は一人もいなかった。ただそのなかの一人だけ下女が麓《ふもと》の畑におりて野菜を取っていたのが、いっさんに逃げようとしたが、もはやどうすることもできず、立ちすくんでいるところに不思議に大きな臼が流れてきたので、天の助けとばかり、それに飛び乗ったところ、三〇里ばかり川下へ流されて助かった。これもひとえに助右衛門の善行のおかげである」というのである。

以上のように天明三年の浅間山大噴火は、規模と社会的影響がとびぬけて大きかっただけに、それに関する記事は数多いが、最後に徳川幕府の正史『徳川実紀』の記述をあげておこう。

「六日（中略）この夜更たけて西北の方鳴動すること雷のごとし。七日（中略）此日《このひ》天色ほのぐらくして風吹き砂を降すこと甚《はなはだ》し。午《うま》の刻《こく》すぐるころ風漸々《ようよう》静まり、砂降ることも少しくやみぬ。黄昏よりまた震動し、よもすがらやまず。八日（中略）この日鳴動ますく〵甚しく、砂礫を降らす、大《おお》さ栗のごとし。これは信濃国浅間山このほどもえ上りて、砂礫を飛すこと夥しきをもて、かく府内まで及びしとぞ聞えし。

世に伝ふる所は、ことし春のころより此山頻《しき》りに煙立しが六月の末つかたより漸くに甚しく、この月六日夜　忽《たちまち》震動して其山燃上り、焔燼《えんじん》天をこがし、砂礫を飛し、大石を迸《はしら》することと夥し。また山の東方崩頽して泥濘を流出し田はたを埋む。よりて信濃上野両国の人民流亡し、あまさへ石にうたれ、砂にうづもれ死するもの二万余人、牛馬はその数を知らず。凡《およそ》この災にかゝりし地四十里余におよぶといふ」

第四章　浅間大噴火の影響

天明騒動

以上のような浅間山の大噴火によって、家々を焼かれ、かつ流された人々をはじめ、住みなれた土地を追いたてられた人々は、少しでも山を遠ざかって安全な方向へと群をなして逃げさまよいでた。その有様を『後見草附録』には、

「上州吾妻郡・碓氷郡・群馬郡の村々の者であろう、人数三、四十人、あるいは七、八十人から一〇〇人くらいの者が、傷ついた者を肩にかけ、またその手を引きあったりなどして、安中・板鼻・根木・井出・高崎・倉賀野《くらがの》あたりの村々へ充満して押しよせてき、人家へ押し込み、食を乞《こ》うた。しかしこのあたりとて、どうなるか知れたものではないので、おちついて炊き出しなどしている気分ではなく、うかうかして砂に埋められてはたまったものではない、どちらかへ立ち退こうかと騒ぎたてているところであったので、いくら食を乞われても一向にとりあわず、なかには乞食《こじき》に対すると同様にどなりつける者さえあった。

飢人《うえにん》たちは大いにいかり、今は是非もない。もう三、四日も何も食べていないので、もう一歩も動けない。餓死するよりはここで食物を借りることにしよう、と口々によばわりながら富家に乱入し、大声で、〝各々これほど貯えおる身の、我々を見殺しにするのは情ない。所詮《しょせん》食えずばここにて死せん身なり、非道とは思い給うな、米穀のこらず借りる所なり〟といいながら、無理やり米・大豆・麦など手あたり次第持ち出し、大釜をさがし出し、田の中に据えて飯を炊き、みなで食べあった。

そこへ次から次と人々は増し、これにならって大小の家々に乱入して食物を奪いとった。そこへ土地の若者たちが手に手に棒切れをもって、〝白昼家々に押し入って盗み取るとは悪い奴だ〟と、みなが食事をしているのを取り囲んで打ってかかった。飢人たちも、どうせ死ぬなら同じことと一足も引かず、双方追いつ追われつ打ち合った。そのうえ後から来た飢人がまたこれに加わったので、田の中、畑の中一面に人人となった。全く混戦で同士打ちをするものも多く、また打ち殺される者もあり、半死半生で逃げだす者も出る有様であったが、やっと日暮れになって騒動はしずまった。その後も飢人は明家《あきや》におしいって食物を探し、小家をたたきこわして火を焚《た》いたりしたため、噴火鳴動は我慢できるが、これではたまらんと金持は金品を持って逃げだし、そのほかは着のみ着のまま家を捨てて逃げだしたので、また難民が増える有様であった」

と記している。

第7表　本郷村・保美村・矢場村作物損毛状況

石高＼村名		本郷村	保美村	矢場村
村高		1,308石8.4	484石1.8.5	44石1.7.5
納辻	米	397俵２斗	63俵3.3.9.3	12俵3.0.1.4
	永	129貫441.8.8	60貫001.8	２貫450
損毛	米	345俵2.7.8.3	51俵1.3.9.3	５俵2
	永	104貫043	50貫001.8	１貫450
残高	米	52俵	12俵2	７俵1.0.1.4
	永	25貫400.8.8	10貫	１貫006.6.9
損毛/納辻	米/永	米87%/永81%	81%/83%	42%/59%

第8表　鎌原村の作柄状況

作物	石高	作柄
大豆	70石	５分通　早方作皆無
小豆	20石５升	皆無
煙草	40石	９分損毛　１分用立
芋	43石１斗	５、６分ニ相見申候
粟	27石５斗	皆無
ひえ	20石１斗３升５合	皆無
荏	15石	皆無
馬大豆	31石３斗５升５合	２、３分用立

普通であれば、被災後の混乱はあっても、それは一時的なもので、時がたつにつれてだんだんと静まるものであるが、この場合は反対であった。

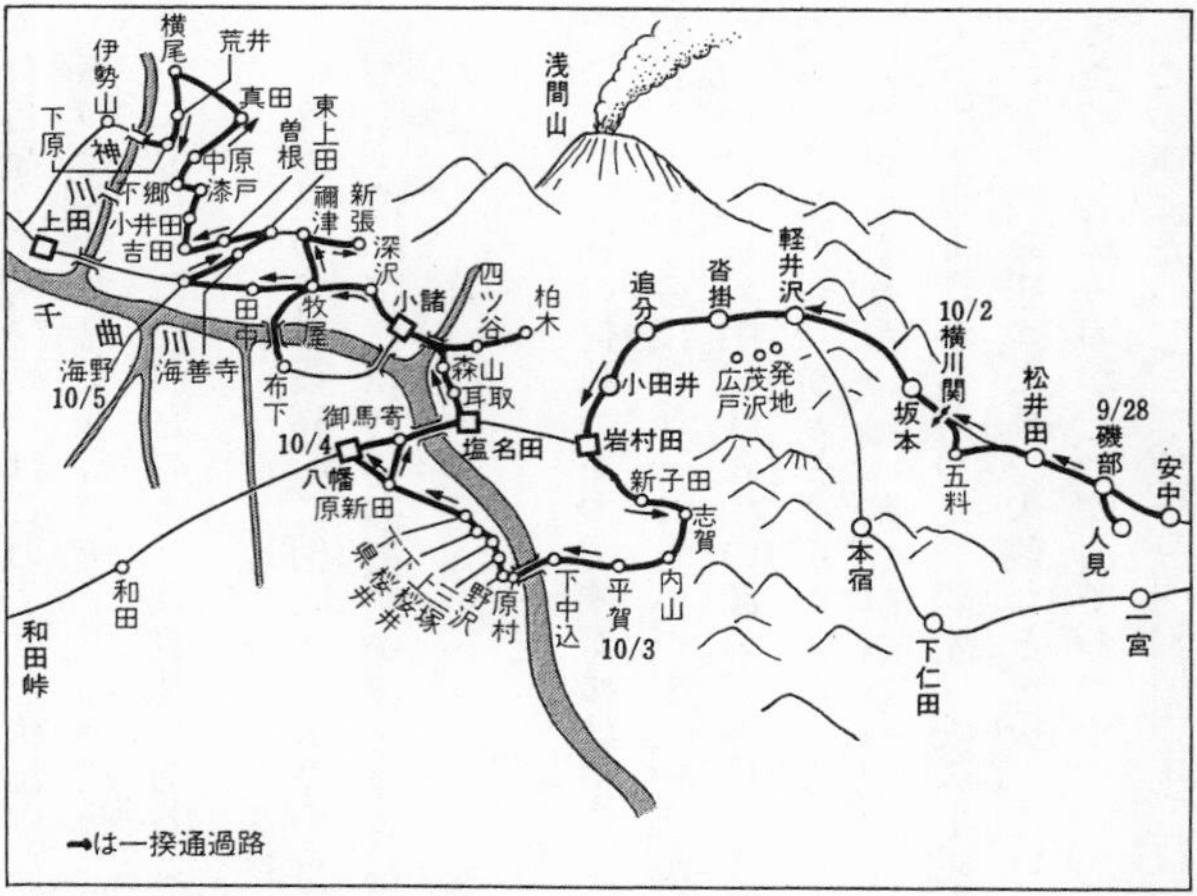

第22図　天明騒動関係地図

天空高くまいあがった火山灰のせいか、夏であるのに一向に気温はあがらず、信州佐久あたりでは土用（立秋の前十八日間のこと、真夏という意）というのに布子を着、炬燵《こたつ》に入る日がたびたびある有様、したがって作物の作柄も悪く、二百十日になってやっと半分ほど稲穂が顔をみせる有様で、凶作は歴然であった。

いま西上州の本郷・保美《ほみ》・矢場（現藤岡《ふじおか》市）各村々における作物損毛および鎌原村の作柄状況を表示すると、第7表・第8表のようになる（青木裕氏作成）。上州側はただでさえ穀物不足のところ、それに物価上昇なども加わって、だんだんと世上は騒然としてきた。

有名な〝天明騒動〟はこのような状況のなかで起こった。

事の発端は九月十八日の夜、下仁田道筋上州一宮（現富岡市一宮町）の北方にあたる人見ヶ原に立てられた、左のような立札にあるといわれている。

此節至つて米穀高値に相成り、末々の者難儀至極につき、下仁田・本宿両村の穀屋を打《うち》潰《つぶ》し、続いて信州穀物囲置処の富人ならびに買置の者共を打潰し、米価豊に可仕候《つかまつるべくそうろう》

以上

これは一種の捨札であってすぐには事件には至らなかったが、それより十日ほどたった九月二十七日、今度は嶺《みね》一つをへだてた中山道筋の松井田あたりの村々に張札をする者があった。それには「明日妙義山の麓の二本松のところに集まるように、もし出てこない村があったら、火をつけて焼き払うぞ」とあったといわれる。

人々が集まりわいわいがやがややっているうちに、「信州野沢の隅屋甚五右衛門を打ち潰《つぶ》そう」という声があがった。隅屋は佐久平屈指の大商人で大勢の馬子などを抱え、江戸に材木などを積み送ったり、米穀などを扱っているので、きっと彼なら大量に米を買い占めているだろうというのがその理由であった。

この声にたいし、「なにも遠い信州まで行かなくても、この近在で米穀を買い占めている

者があるはずだ、まずそれから潰そう」という声もあり喧々囂々《けんけんごうごう》であったが、やがて夕方になって衆議一決、まず磯部《いそべ》の町に打ってかかった。それから松井田をとおり、五料の伝兵衛を潰し、また安中の穀屋三軒と薬種屋一軒も潰すなど、その近在を荒しまわった。

そうこうするうちにだんだんと一揆勢としての体制らしきものができ、十月二日の明けがた中山道横川の関を打ち破り、梵天《ぼんてん》を先頭に立てて坂本宿になだれこみ、清水屋・山田屋・和泉屋など四軒を潰すとともに、「宿中の男子は全員加勢に出るように、もし参加しない者があると、その者の家に火をつける」と触れ歩いた。そして坂本宿で集めた人員に梵天をかつがせて碓氷峠をのぼり、軽井沢宿におしこんだ。この時の人数は約二七〇人であったといわれる。ここで腹ごしらえをしたのち、発地《ほっち》・茂沢《もさわ》・広戸《ひろと》など近在村々に「今度野沢の隅屋甚五右衛門、岩村田の布袋屋《ほていや》はじめ穀物を買い置きした者を打ち潰し、米穀値段の引きさげをする。よって村毎に加勢の人数をだすよう。もし同意しない村があると火をつけて焼き払うぞ」という回状をまわし、人数をつのりながら、今度は軽井沢の者に梵天をかつがせ、それを先頭に同日の午後二時ごろ追分宿に乱入し、蔦屋《つたや》五右衛門を潰した。この時一揆勢は五〇〇人ほどにふくれあがっていたといわれる。

このあと道々人員をつのり炊き出しをうけ、金品を調達しながら中山道を小田井宿をへて夜の八時ごろ約八〇〇人にふくれあがって岩村田になだれこみ、布袋屋武左衛門・藤兵衛・法華堂など有力米商人を打ちこわした。ここは内藤志摩守《しまのかみ》一万五〇〇〇石の城下町（陣屋)、もちろん藩の侍たちもいたのだが、どうするかの評議がなかなか決らず、結局一時も早くお通りを願おうというので、何の対応もしなかった。

そのためかどうか判らないが、一揆勢は岩村田から左にまがり新子田《あらこだ》を通って志賀村になだれこんだ。ここは佐久でも有名な富裕者神津《こうづ》家のあるところで、同家の記録によるとこの時の被害はたんす長持一九、夜具布団五二組、衣類一四〇点、膳椀《ぜんわん》二七〇、屛風《びょうぶ》七双、戸障子一五六本となっている。神津家の場合は近在にかくれもない富家だから仕方ないにしても、この村では半右衛門・金右衛門という、さして金持でもない家がおそわれている。半右衛門には彼に恨みを持つ者が村内におり、また金右衛門は一揆の噂《うわさ》を聞いて持物の一部を他に預けたことを村内で知っている者があったからだといわれている。志賀村を一揆がおそったのが夜中で人の判別がつきかねたのと、一揆が必ず行く先々から人数を募ってこれにくみ入れるという方法をとっていたせいである。なおこの一揆の平均的ないでたちは、顔全面に煤《すす》を塗って見分けがつかぬようにし、汚れたぼろをまとい、斧・掛矢をかついでいたといわれる。

さて志賀をおそった一揆はさらに内山にすすみ、ここで治郎左衛門・文蔵・万吉などを潰し平賀《ひらが》に出たのが三日の朝八時ごろであった。さてここまでくると仮に上州側で初期に一揆に参加した者は、三、四日から四、五日は歩きづめ、あばれづめということになり、さすがに疲れて夜中ひそかに逃げ帰るものもあったといわれる。

さて一揆勢は平賀村で宇右衛門・平三郎を打ち潰し、つづいて下中込《しもなかごみ》の禅寺種月院におそいかかった。というのはこの禅寺の住僧はかねがね米穀商売（米投機）を好み、暴利を得ていたと噂されていたのでこの厄にあったのだが、もちろん住僧は身のほどを知っていたのか、いちはやく逃げてしまっていたので、一揆勢は本堂の仏に向かって「住職はどこにいる、穀を買ったか買わぬか」と詰問し、客殿方丈より庫裏《くり》に至るまでことごとく打ちこわしてしまった。

ここから千曲川を渡って一揆はいよいよ最初からの攻撃目標である隅屋甚五右衛門のいる野沢町にかかるのだが、その手前にある原村の富裕者は白米五石余を炊き出し、「御焚出《おたきだし》所」という立札をたててこれを振舞ったので、一揆勢は機嫌よくそこを通りすぎたといわれる。作戦勝ちというべきであろうか。

さて野沢の隅屋甚五右衛門方におそいかかり、散々に打ち潰し、土蔵から茶俵繭《ちゃだわらまゆ》を引き出し、町中にまきちらし、ついで藤屋庄兵衛・和泉屋弥左ヱ門を潰し、つづいて梁場七左衛門をおそったが、家には衣類など一つもなかった。これはおかしいといろいろ詮索したところ、金分寺という寺の土蔵にかくしているということを探りだし、そこにおしよせて葛籠《つづら》二、三十を引っ張りだし、衣類一切を引きちぎってしまい、ときの声をあげて引きあげた。

つづいて油屋の甚右衛門宅におしかけたが、甚右衛門が一計を案じて中庭に極上の大桶《おおおけ》をすえて、好きなだけ呑《の》ませたところ、この家には米などかくしていないだろう、といってみな引きあげてしまった。

このころになると、別に触れまわらなくても、もし人足を出さないと村は焼き討ちになる、という噂が佐久一円にひろがり、野沢近在はもちろんのこと、一〇里以上離れたところからも加勢がかけつけてきて、一揆勢は総勢三〇〇〇人余となった。横川関を破って上州から信州へとなだれ込んだ時が二七〇人ほどだから一〇倍以上にもふくらんだわけである。現在でも佐久一円を歩いていると天明のこの騒動などを例にあげながら、「上州の連中は腹がへると信州に飯を食いに来る」などという話をよく聞くが、若干冤罪《えんざい》の部分もあるわけで、一揆勢の主要な部分はこのころでは佐久の人間、としてよいであろう。

それから進んで三塚村の米仲買人八右衛門・光兵衛を潰し、酒屋勘三郎方で痛飲し、ついで上桜井村にでて柳右衛門ら五人を打ち潰し、下桜井村に移って与四郎・文助、下県村では善兵衛・宗吉・佐平太が潰され、平吉の家は火をかけて焼き払われた。

さらに進んで御馬寄《みまよせ》村では富右衛門・義右衛門、原新田村の常右衛門・源四郎、上原村の千弥を潰して、四日のあけがたには中山道の八幡《やわた》宿に進出した。そして仙右衛門・七郎右衛門・宇右衛門・七郎兵衛を潰し、塩名田にひきかえしてここで炊き出しをうけ、ここから小諸道をとって耳取・森山村を通ってその先の六道原というところで一休みをし、そこから東の方四ツ谷《よや》・柏木《かしわぎ》村に向かって米穀商喜太夫・新五郎を打ち潰し、いよいよ牧野氏一万五〇〇〇石（実質三万石）の城下町小諸を窺《うかが》うことになった。

さて小諸は穀屋が六七軒もある佐久きっての穀物取引場であるので、藩でも一揆がもし穀屋を潰すようであればからめ取り、また万一城に向かって仕掛けるようであれば飛道具を使っても打ち取るべしと、近郷一七ヵ村の村々の若者も動員して木戸を固めて待っていた。

一揆勢はこちらは数千人の勢力、かまわず打ちかかれと気勢をあげる者もあったが、また一方向こうは戦闘専門の武士、こちらは農民のよせ集め、あるいは敗けることもあるやと躊躇《ちゅう》躇《ちょ》する者もあるところを見てとって、寺院のなかに説得を買って出る者があり、「此度《このたび》米価が高くなったので、諸君が騒動に及んだのも当然である。もし小諸の穀屋に相談することがあるというのなら、拙僧たちが然るべく取り図らうであろう。したがってここのところは自分たちに任せて、城下はおとなしく通りすぎるように。もしそうしないで狼藉《ろうぜき》に及ぶようなことがあれば、城内から打って出て打ち取ることになろう」と、ねんごろに戒《いまし》めたので一揆勢は、「自分たちは米穀が高いため至極難儀をして、心ならずもこのようなことをしている。穀物を下値《したね》にしてくださるというのなら、当然のことだが静かに通過しましょう」といって、それまで一揆の先頭に立てていた梵天を横に伏せて、そのまま城下を通りぬけた。

もっともここのところ藩側が寺僧をたのんで、一揆の首謀者に炊き出しをするから静かに城下町を通ってくれるようにと交渉してもらったのだとの説もある。そこらあたりの真偽はなかなか決め難いが、小諸藩のこの一揆に対する対応は、全般に甚だ頼りないものであった。

いまこの一揆への対応を『小諸藩旧記』によってみると、一揆が各地をおそい穀屋その他を打ちこわした状況を逐一通報した後、領内村々は自力ではとうていこの一揆を防ぐことができないので、藩（小諸）に人数を出してくれるように願い出ているが、藩側は一揆が小諸町へおしかけて来るという風聞もあるので、兵力を分散することができないと断ったうえ、「一揆は多勢なのでちょっとぐらいでは防ぐことができず、飛道具を用いるという手もあるが、それには幕府の指示を得なければならず、また万一それを使うことになってみても、一揆の方がそのために一段と気おいたって必死に抵抗したのではますます事態は困難になるだけだ」というので結局手をこまねいて藩は見物していたのみである。

領内村々からみると藩は何とも頼りないものに見えたことであろうが、藩もさすがにそのことが気になったらしく、中山道八幡宿の依田家の場合についてみると、一揆が鎮まったあと、直ちに藩は作事《さくじ》奉行を遣わして一揆による破損箇所を修理させている。その時の修理目録をみると次のようである。

覚

一、書院　菊之紋入　壱間
一、角障子　四本
一、腰障子　弐本

一、明障子　四本
一、雨　戸　四本
一、違棚《ちがいだな》壱架并袋戸　二本
一、上之間境　弐間
一、上之間襖戸《ふすまど》　四本
一、二之間仕切襖戸　四本
一、勝手境襖戸　二本
一、三之間仕切襖戸　四本
一、□良戸　弐本
一、上之間より下之間迄《まで》畳表

となっている。もっともこの時被害をうけた家で藩がそれを補修したのが、この依田家のみであるのかどうかは、私は他家の史料を見ていないので判らない。

さて信州に入ってからの一揆勢はまず中山道岩村田にとっかかり、それから右まわりにぐるりと佐久の穀倉地帯を一まわりして穀屋・酒屋をはじめとする富裕者を潰してまわっている。この地帯は単に水田が多いというだけではなく、それらの生産力も高い信州第一の穀倉地帯で、第23図が示すように数多くの米市場があり、その地域の農民は片道一里（約四キ

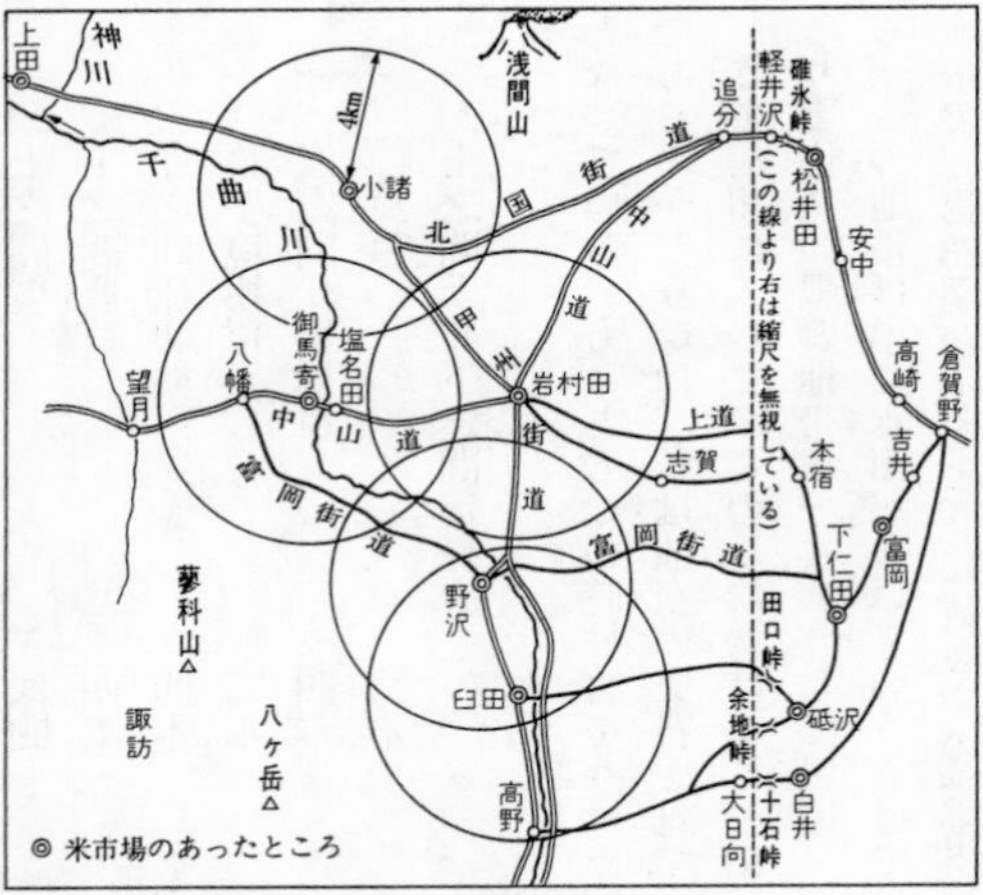

第23図　天明騒動と米市場の関係地図

ロ）も歩けば必ずどこかの米市場で米を売ることができるようになっており、とくに米作の中心地では二、三の米穀市場にでられるようになっている。

それにたいし第23図で――線より右側にある米市（松井田・富岡・下仁田・砥《と》沢《ざわ》・白井等）は、左側の米市が農民から米を買い集める米市であるのにたいし、こちらのほうは買い集めた米を売る市場である。つまり、信州佐久は米を売る地帯であるのにたいし、上州側は米を買う地帯である。天明浅間の凶作のため食に飢えた上州の人々が、米穀を安値にするといって信州佐久に打ちこわしに出たのは当然ということになる。

さてこの小諸を通りすぎたあたりをさかいに、この一揆は米穀安値という目標をかかげた一揆から、富裕者を狙《ねら》った暴動という色彩を強めたように思われる。

小諸を通りすぎた一揆は新張村に至り酒屋の所右衛門をおそって放火し、ここより二手に分かれ、一隊は禰津《ねつ》村の久左衛門を潰し、それが牧屋村をおそった一隊と合流して酒屋の幸三郎を潰し、そこから千曲川を渡って布下《ぬのした》村の久五衛門と亀右ヱ門を潰した。この時はすでに夜に入っていて寒かったので一揆勢は打ちこわした家具類などを積み重ねて火をつけて暖をとったので、それが小屋などに燃え移って大事になっている。

そこからひきかえして北国《ほっこく》街道の田中宿にでて長五郎を潰し、さらに進んで海野《うんの》宿に着いた時は十月五日の夜は完全に明けはなれていた。さてここから北国街道を西に進んで一気に松平氏五万八〇〇〇石の城下町上田を衝《つ》くのが常識であるが、それには一つ大きな問題があった。それは上田の東側を流れる神川《かんがわ》の存在である。

この神川は上信国境の角間《かくま》山を水源地として上田の東側で千曲川に流れこむ、さして大きくもない川であるが、大変深い切りこんだ溺谷《おぼれだに》の底を流れる形になっているため、渡河が楽でなく、天正十三年（一五八五）、徳川家康の軍隊が上田城の真田《さなだ》昌幸《まさゆき》・幸村を攻めて大敗した第一次上田合戦でも、家康軍はこの川に追い落されて難儀をしたといういわくつきの川である。

当時この川筋には三つ渡河場があったが、北国街道筋を直進して直ちに上田城下町にかかるには、上田側にどんな備えがあるやも知れず危険が多いというので、上手筋《かみてすじ》のものを渡ろうとしたが、これは渡しの綱を切って落されているので、どうにもならなかった。それで一揆勢は山手の方にあがり海善寺村↓東上田村↓中曽根村↓上深井村↓中吉田村↓小井田《こいだ》村↓漆戸《うるしど》村↓下郷《しものごう》村↓中原村↓真田村と荒れまわり、その日（五日）の夕方横尾村の文七宅におそいかかった。

この文七の家には当時疱瘡《ほうそう》の患者が二人あり、動かせない状態だったので、文七は、一揆勢に頭をさげ事情を話して頼みこみ、金五〇両をだし炊き出しをするかわりに、居宅を打ちこわすのを許してもらった。

ところがこのことを聞いた後続隊が、それでは自分たちにもとおしかけ、二言三言交渉するうちに、出さぬとあらば、というので放火してしまった。このため二人の病人は気の毒にも焼け死んでしまったといわれている。

一揆はここから先は山にあたってゆけぬので引きかえし、荒井・下原村をとおって、いよいよここから神川をおし渡り上田を衝かんとした。この時一揆勢は総勢一七〇〇―一八〇〇人、上州を出た時は苧麻《ちょま》でこしらえた粗末な梵天を先頭にたてていたのが、ここでは緋縮《ひぢり》緬《めん》・緞子《どんす》・白羽《しろは》二重《ぶたえ》の派手な梵天を八本もおしたてていたといわれる。このころになると、上田を打ち破った一揆は六日（十月）の晩には坂城《さかき》を、さらに七日の晩には松代《まつしろ》・善光寺を襲うなどという噂が信州一円にひろがったので、松本藩も防衛隊を組織し、また木曽福島の山村氏も中山道の鳥居峠を固めるなど、だんだんと防衛の態勢も整いつつあった。

一揆勢は、川久保の橋を渡って伊勢山村の名主庄左衛門を潰し、それから一気に上田を衝く手はずであったが、それを探知した彼は、近在の剣術の師範でもあったので、門弟を集めて橋詰で待ちうけていた。さて六日のあけがた、一揆勢はいざ伊勢山村へと神川にかかった橋を渡りかかったが、橋詰に待機していた庄左衛門らの一隊にくい止められ、橋の上で乱闘一刻ののちおしかえされて総くずれになった。こうなるともろいもので、我がちにと逃げかえりはじめたところを、かねてから準備のうえ待機していた上田藩の一隊（諸士七〇名余、足軽一五〇名余）が大屋のあたりで逮捕を開始、またそのころ一揆鎮圧のため江戸表から派遣されていた牧野大隅守成賢《しげかた》（南町奉行）・曲淵《まがりぶち》甲斐守景漸《かげつぐ》（北町奉行）両名にひきいられる六〇名が中山道追分宿に本陣を設けて逃げてくる者を逮捕した。逮捕者は取り調べて、参加しないと火をかけるなどとおどされたので参加したなど、口実のたつものはそのまま帰し、家財衣類など掠奪《りゃくだつ》したものは牢《ろう》に入れられた。そのため、佐久一帯の牢はいずれも逮捕者で一杯になったといわれる。

幕府から出張してきた役人一行は十月十九日に追分宿を引きあげているので、このあたりで一件はほぼ落着したとしてよいであろう。なお事件の発端である上州松井田では、二十七日に三七名の者が一揆参加のかどで召し捕られ、高崎藩に預けられている。

天明の飢饉

『日本災異志』という本をみると、欽明天皇の二十八年（五六七）から明治二年（一八六九）まで、つまり明治以前の日本には飢饉と呼ぶべきものが大小合わせて二二五回あったと記録している。明治以降になっても、明治三十五年・大正二年（一九一三）・昭和九年（一九三四）などの大飢饉が起こっているが、生産力が全体的に低いうえに、交通が不便で、かつ地域的な封鎖経済が行われていた明治以前の社会にあっては、ちょっとした凶作が大きな飢饉現象に発展することが多かった。前記史料によると、慶長年間（一五九六—一六一五）から明治まで、つまり江戸時代には三五回の飢饉が採録されているが、そのなかで江戸時代の三大飢饉といって、享保の飢饉、天明の飢饉、天保の飢饉がとくに大きかったとされている。そのなかで被害・社会的影響ともにもっとも大きいとされているのが、浅間山の噴火と大きなかかわりのある天明の飢饉である。飢饉によってひきおこされた社会混乱のなかで退陣した田沼意次のあとをうけて登場してきた松平定信が書いた『宇下人言《うげのひとこと》』のなかに、この飢饉の被害について「天明午（六）のとし、諸国人別改られしに、まへの子（安永九）のとしよりは、諸国にて百四十万人減じぬ。この減じたる人みな死うせしにはあらず、只《ただ》帳外となり、または出家山伏《やまぶし》となり、または無宿となり、または江戸へ出て人別にもいらずさまよひありく徒とは成りにける」とある。また『経世秘策』には「癸卯《みずのとう》以後三ヶ年、凶歳飢饉にして奥州一ヶ国の餓死人数凡《およそ》二百万人余」とある。餓死流離の人の数は史料によって一様でないが、数字のうえでも江戸時代の数多い飢饉のうち最大のものであったことは疑いない。

なお参考までに幕府の手になる子《ね》・午《うま》の年の人口統計を関山直太郎氏の『近世日本の人口構造』より抜いて作表したものをかかげると、第9表のようになる。調査をはじめた享保五年（一七二〇）からほぼ二六〇〇万人プラス・マイナスで推移しているが、天明の飢饉の中ごろの天明六年（一七八六）には二五〇八万人と、その六年前の安永九年（一七八〇）にくらべると約九二万人余減っており、その勢いはさらに続いたようで、六年後の寛政四年（一七九二）には二四八九万人と、安永九年より約一一二万人減っている。そして寛政十年（一七九八）二五四七万人、文化元年（一八〇四）二五六二万人と徐々に回復し、文政五年（一八二二）には約二六六〇万人とほぼ元の水準にもどっている。

第9表　子・午の年の人口統計

年　号	西　暦	人　口（人）
享保5年	1720	26,065,425
11年	1726	26,548,998
17年	1732	26,921,816
延享元年	1744	26,153,450
寛延3年	1750	25,917,830
宝暦6年	1756	26,070,712
12年	1762	25,921,458
明和5年	1768	26,252,057
安永3年	1774	25,990,451
9年	1780	26,010,600
天明6年	1786	25,086,466
寛政4年	1792	24,891,441
10年	1798	25,471,033
文化元年	1804	25,621,957
文政5年	1822	26,602,110
11年	1828	27,201,400
天保5年	1834	27,063,907
弘化3年	1846	26,907,625

さてこの天明の飢饉については

第24図　菅江真澄（未来社刊『菅江真澄全集』より）

諸書にその惨状が書き記されている。その二、三を抜いてみよう。たとえば先記杉田玄白の『後見草』には南部（岩手県）・津軽（青森県）がとくにひどく、家を捨てて他郷に流れでた者も、行く先々も同じ飢饉であるので食を乞うても誰《だれ》もくれる者がなく、結局日に一〇〇〇人、二〇〇〇人と餓死者が出る有様であった。また家に残った方も、結局食べられるものを食いはたした末、最後は先に死んだ者の死体を切り取って食ったそうである。あるいは小児の首を切り、頭皮をはがして火で焙《あぶ》り、頭蓋骨《ずがいこつ》の割れ目に箆《へら》をさしこみ、脳味噌《のうみそ》を引っぱりだし、それに木の葉をまぜて炊いて食べた人がある。また何とかいう橋を通りかかると、その下に餓死した人の死骸《しがい》があり、その股《もも》の肉を切り取っている人があるので、一体何にするのかと聞いたところ、これに草木の葉を交ぜて犬の肉だといって売るつもりだとのことであった。等々の話がのっている。

また江戸時代後期、わが国第一の紀行家といわれる菅江《すがえ》真《ま》澄《すみ》は、文政十二年、出羽国角館《かくのだて》の社家《しゃけ》鈴木家で死ぬまで約五十年近く旅をつづけるわけだが、浅間山が大爆発をおこした天明三年七月は、ちょうど故郷三河国を出て、信州の塩尻宿まできたところであった。彼の旅日記『伊那《いな》の中路』をみると七月二日のところに、「夕ぐれ近く、ものの音が大きく響いたので、書を読んでいたものもやめて、人々は、何ごとだろうか、また雷かといったが、それらしい空の様子もない。近隣の家の板敷で、臼でもひいているのだろうということに落ち着いた。また尋ねてきた人のいうには、〝今の音を聞きましたか、また鳴りました。これは、先日から浅間山が盛んに火をふきあげる音だと、いま通っていった旅人から聞きました〟ということだった」と記している。菅江真澄（当時はまだ白井真澄といっていた）の宿泊しているる塩尻は中山道の宿場で、碓氷峠・軽井沢・沓掛・追分を通ってきた旅人が通るところであるが、まだこの段階までは浅間山が噴火を続けていることは、この土地の人たちはほとんど気にとめていないようである。もっともこの菅江真澄という人が、とくに地震とか火山といった自然現象に関心が薄かったのか、七月七日は七夕の日であるが、

たなばたのうれしからましあしたより
　いのり日ぐらしもろ声にして

という和歌をつくるとともに、

「秋風がそぞろにふいて、きょうは七月七日になった。わたくしも旅の途上、この里にきて

久しくなり、七夕の夜空を仰ぎみることは、あり難い縁である。夜の明けるのを待って、子供たちは小さい人形の頭に糸をつけて軒に引き渡し、日暮れの空を待ち、女の子たちはお化粧し、きれいに着飾って大ぜい集まり、ささらをすって歌をうたう。今宵の星をお慰め申し上げるのであろう。ねぐらに帰るむらがらすも、声をそえ、夕暮れの空に羽をならべて、橋をつくるかのように、いそいで飛びわたっていった。……」

という〝二つの星に献上する文〟をつくって、夜もすがら天の川のかけ渡した夜空を賞《め》でて、浅間山の噴火については一言も触れていない。

しかし浅間山最後の大噴火のあった七月八日は、さすが無視するわけにもゆかなかったようで、次のように記している。

「八日　夜半から例の音が響くので、起きだしてそのほうを眺めやると、昨日よりもまして重なる山々を越え、夏雲の空高くわきあがるように煙がのぼり、描こうとしても筆も及ぶまいと、みな賞でて眺めたが、その付近には小石や大岩を空のかなたまでふきとばし、風につれて四方に降りそそぐので、これに打たれた家は、うつばりまでもこわされたり、埋められたり、逃げだす途中、命を失った人はどれほどか、数も知れないほどだと、やって来る人ごとに話しあった。浅間山の煙は富士とともに賞賛されるのが常だが、このたびの噴火は例のないことだとさわがれた。昼ごろから、いよいよ勢いを増して、雷のごとく、地震のゆさぶるように山や谷に響きわたり、棚の徳利、小鉢などは揺れ落ち、壁は崩れ、戸障子もはずれて、家のかたむく村もあるという。このあたりは高い山里なので、鳴り響く音もひどくはないが、低いところほど、とくに音が高く響いたであろう。国々の役所から早馬で、この音のもとはどこかと、木曽の御坂《みさか》のあたりまで、尋ねたずねて、日ごとにますます頻繁に使者がたったということだ」

　さて翌日の九日以降はまた例にならって、浅間山の大事は知らぬげに塩尻近在の名所旧跡《きゅうせき》を歩き、民話を採取し、また桔梗《ききょう》ヶ原《はら》に秋草の花を賞でに行ったりの生活をしている。そして八月十三日には、姨捨《おばすて》山の月見に行こうと腰をあげて北に向かって旅立っている。そして同十五日には冠着《かむりき》山をこえ、山をおりたところにある八幡（更埴《こうしょく》市八幡）の八幡宮（武水別《たけみずわけ》神社）に参詣《さんけい》するが、そこで「浅間山の爆発当時の大評判の刷り絵はいかが」と売り歩く者がいたと旅日記『わがこゝろ』（『伊那の中路』につづく真澄の旅日記）には記している。

　これからあと彼は北へ北へと、その〝民俗学の旅〟〝風流の旅〟を続けるわけであるが、それはちょうど天明の大飢饉の中を、その中心地へ向かって旅するようなもので、その時の飢饉の惨状を知る者にとっては、いささか奇異にさえ感じられるのだが、彼は一向おかまいなしに旅を続け、日記を続けている。それはあたかも飢饉などなかったかのごとくであるが、浅間の大噴火から二年余りたった天明五年八月十日、彼は今の新潟・山形・秋田をすぎて、青森県の西津軽郡の森田村あたりまで来ていたのだが、ここで一気に飢饉の惨状を、ちょうどたまりにたまったものを吐き出すようにまとめ書きしている（『外が浜風』）。その一部を抜き書きしてみよう。

「卯の木、床前という村の小道をわけてくると、雪が消え残っているように、草むらに人の白骨がたくさん乱れ散っていた。あるいは、うずたかくつみ重なっている。頭骨などの転がっている穴ごとに、薄《すすき》や女郎花《おみなえし》の生《お》いでているさまは、見る心持がしない」

〝あなめあなめ〟とひとりごとをいったのを、うしろにいた人が聞いて、

「ごらんなさい、これはみな餓死したものの屍《しかばね》です。過ぐる天明三年の冬から四年春までは、雪のなかに行き倒れたもののなかにも、まだ息のかよう者が数知れずありました。その行き倒れ者がだんだん多くなり、重なり伏して道をふさぎ、往来の人は、それを踏みこえ踏みこえ通りましたが、夜道や夕ぐれには、あやまって死骸の骨を踏み折ったり、腐れただれた腹などに足をふみ入れたり、その臭い匂いをご想像なさい」

また、

「なおも助かろうとして、生きている馬をとらえ、くびに綱をつけて家の梁《はり》にひきむすび、脇差《わきざし》、あるいは小刀を馬の腹にさして裂き殺し、したたる血をとって、あれこれの草の根を煮て食ったりしました。荒馬の殺し方も、のちには馬の耳に煮えたった湯を注ぎ入れて殺したり、また、頭から縄でくくって呼吸ができずに死なせるといったありさまでした」

「そのようなものも食いつくしますと、自分の生んだ子、あるいは弱っている兄弟家族、また疫病で死にそうなたくさんの人々を、まだ息の絶えないのに脇差で刺したり、または胸の

あたりを食い破って、飢えをしのぎました。……人肉を食ったものの眼は狼《おおかみ》などのように ぎらぎらと光り、馬を食った人はすべて顔色が黒く、いまも生きのびて、多く村々にいます」

「弘前《ひろさき》ちかくへ娘を嫁にやっていた女があって、この娘が、自分の母はこの年の飢饉にどうしているか会いたいと、道のりは一日のうちにあるいて行けるところなので、夕方近く着き、互いに無事をよろこびあった。そのあとで母のいうことには、猿がまるまると肥えているようだ。食べたら、うまさはかぎりないであろうと戯れていうのを、娘は母の空言ではありながら薄気味わるくなって、母の寝たすきをうかがい、ひそかに戸をおし開けて夜の間に逃げて帰ったという話もあります」

などと話してくれたと書いている。天明の飢饉の惨状きわまれりというべきであろう（なおこの菅江真澄に関する記事は、ほとんど平凡社刊・東洋文庫所収『菅江真澄遊覧記』内田武志・宮本常一編訳の文章をそのまま借用した）。

さて天明の飢饉の被害をうけたことにおいては、吾妻渓谷筋も決して他に劣らなかった。元来畑作地帯の関東においても上州（群馬県）はその度合が強く、そのなかでもとくに吾妻渓谷筋は天明の浅間押しの被害も加わって、穀物皆無の地域に近かった。とくに草津温泉は関東第一の湯治場といわれ、庶民生活が豊かになり、レクリエーションとしての旅が盛んに

第10表　草津温泉の湯治客数

年　号	西　暦	湯治客（人）
安永1年	1772	10311
2年	1773	10405
3年	1774	13251
4年	1775	12415
5年	1776	8005
6年	1777	11724
7年	1778	13222
8年	1779	12226
9年	1780	11128
天明1年	1781	11881
2年	1782	11986
3年	1783	6430
4年	1784	3779
5年	1785	8586
6年	1786	7967
7年	1787	3525
8年	1788	9771
寛政1年	1789	11226
2年	1790	11000

なると湯治客が次第に増え、記録が残っている安永元年以降になると、年間湯治客が一万人を越えるようになり、同三年の一万三二五一人、同七年の一万三二二二人あった客が、天明の浅間焼けとともに激減、同三年には六四三〇人、同四年には三七七九人となっている。いま『湯本平兵衛諸事覚書』（中沢晁三氏提供）から草津温泉の湯治客数をかかげると、第10表のようになる。なおこの史料には慶応三年（一八六七）までの人数があるが省略した。

さてこの天明三年の湯治客激減だが、少なくとも浅間の噴火までは、夜空をそめる噴煙が売物になって客数も多かったはずである。したがって、その原因は主として噴火後にあるわけである。しかし、草津の温泉そのものは別に被害があったわけではないので、当座のショックによる減少のほかは、飢饉によるものとすべきであろう。

当時諸藩においては穀止《こくど》めといって、年貢納入前とか、不作のときには米穀を領外に売り出すことを禁止するのが一般であった。この吾妻渓谷には主として鳥居峠をこえて隣接する上田藩と、上田藩を経由してやってくる信州各地の米が流入していた。いま上田藩の穀止めの機構を図にすると第25図のようになる。藩から領外に出る道は五つあるが、その出口に加沢・下塩尻・軽井沢・大日向《おおひなた》という口留番所《くちどめばんしょ》を設けて商品流通のコントロールをしている。上田から松本にぬける保福寺《ほふくじ》街道には、松本藩側の口留番所が保福寺にあるが、上田藩領側にはない。多分ここは上田藩にとってたいした流通路ではなく、米穀等物資が逆流することが少なかったのであろう。さて問題になるのは鳥居峠を通って吾妻渓谷に抜ける大笹街道にある口留番所大日向である。ここには地蔵峠をこえて松代藩領から入ってくる米、また上田藩領の米、また保福寺峠をこえて松本藩領から入ってきた米もやってくる。いわば吾妻渓谷への米穀流入コースの咽喉口《のどぐち》がこの大日向ということになる。

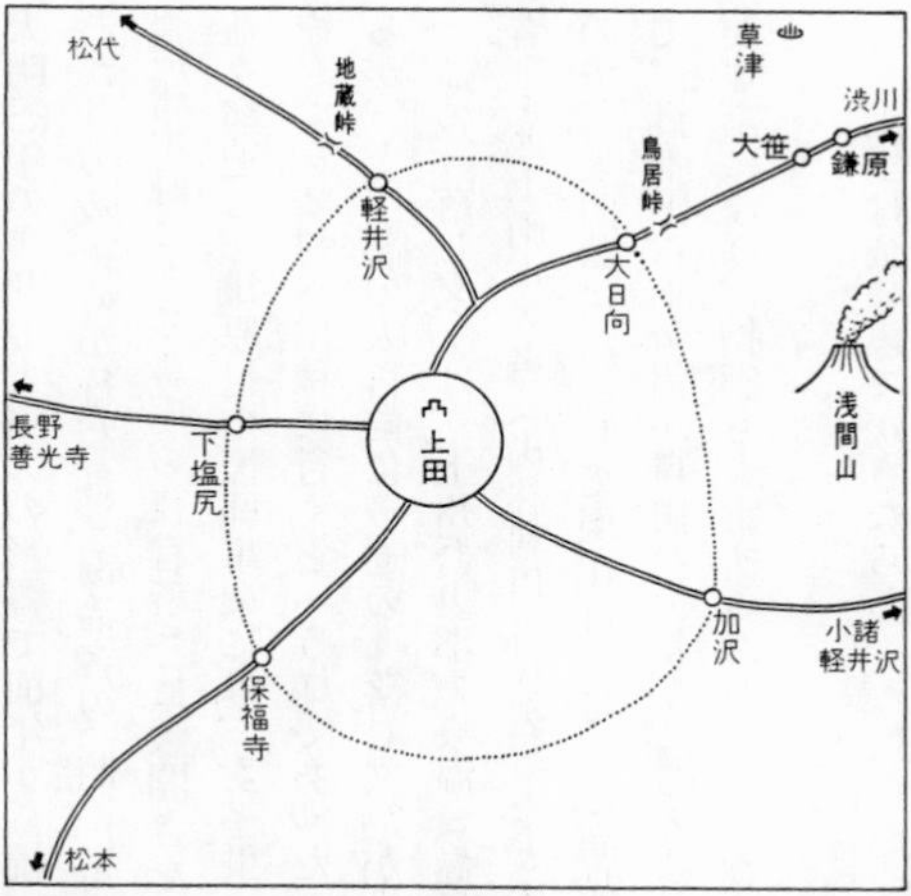

第25図　上田藩穀止めの機構図

草津町刊『草津温泉誌』によると、

天明三年の浅間の大噴火の影響で前年から続いていた凶作がますます顕在化し「信州上田辺あたりの穀止めが行われ、湯治客の賄《まかない》に事欠くような状態で、村からは八月中野代官所(信州中野にある幕府の代官所)に穀開きを願い出る有様であった。九月に入ると村民は益々《ますます》窮迫し、鎌原村の復興事業には、女子供にも賃金を給するときいて、続々と人夫の出願をして、隣村へ出稼《でかせぎ》に行くという様であった」とあるが、ちょうどこのころのことと思われるが、上田藩の大日向に一通の〝落し文〟が投げこまれた(『師岡文書』)。

この〝落し文〟は、上州吾妻郡の泉温(温泉)村々者・作酒屋者・中馬渡世者(交通労働者)・運上山本〆者(山林利用者代表)などの連名による投書・陳情書・請願書のようなもので、上田藩にたいして現在行っている商品流通統制をやめ、もちろん口留番所も撤廃して、日本国六十余州が自由な交易ができるようにしてほしい。そうすれば吾妻郡一帯も食糧が豊富になり、物価も安定するだろうというのである。そして最後に、

山里は金《こがね》の鍬《くわ》でかきならし
　六十余州ハ太平の御世

という和歌をつけている。

第五章　浅間山麓鎌原村

鎌原村の被害状況

天明三年（一七八三）の被災当時またはそれ以前の鎌原村の状況を示す文書史料は、何も残っていない。ただ一つ、それより約一〇〇年ほど前にあたる貞享三年（一六八六）の「鎌原村検地帳」が一点あるといえばあるのだが、それ一つを持って逃げだしたと考えられる状況でないので、鎌原村の村政史料のなかで、これだけが助かったとはいえないだろう。ただ検地帳は村でもっとも重要な帳簿であるので、写があってそれがたまたま助かったということもあろうし、また検地帳はその本証が領主側にあるものだから、被災後それを写させてもらったということは十分ありうることである。またこの検地帳そのものが、被災後つくられたものである可能性もある。したがってこれを信用するとすれば、貞享三年段階で鎌原村は九八軒、屋敷地数は六八筆ということになる。ともかく被災前の鎌原村は約一〇〇軒ほどの村であったとしておこう。

こんなことから天明三年の浅間噴火による鎌原村の被害状況は正確には判らない。そのためここでは、幕府勘定吟味役《かんじょうぎんみやく》根岸九郎左衛門鎮衛の報告書によっておこう。勘定吟味役とは勘定奉行につぐ勘定所役人で、今日でいえばさしあたり、大蔵省の次官か局長クラスの役人で、彼はその後勘定奉行、さらに江戸町奉行になっているところをみると、当時の幕府にあってはもっとも有能な官僚だったということになる。

幕府は噴火直後この根岸九郎左衛門を長とする調査団を派遣するのだが、それによると鎌原の被害状況は次のようである。

まず九三軒あった家は一軒のこらずおし流されて、残った家は一つもなかった。また五九七人いた村民は四六六人（七八パーセント）が死亡、残ったのは一三一人。馬も二〇〇頭いたのだが一七〇頭（八五パーセント）がやられてしまい、残ったのはわずかに三〇頭であった。生き残ったのは当日他出していたか、観音堂をはじめ火砕流の襲撃をまぬがれた村周辺の小高い場所にいた人たちであるが、その比率がどうであるかを知る史料は残っていない。そのうえ三三二石あった田畑のうち、その九七・六パーセントにあたる部分は押しよせてきた火石の交った泥砂におおわれてしまっている。しかもその火石は一八間四方と長さ二〇間、横一三間、高さ二間という超大物が交っているのみならず、根岸九郎左衛門ら幕府の見分役人が行った時でも、それはまだ熱く焼け、割目からは硫黄が吹きだし、あたり一面が強い硫黄臭におおわれている有様であった。

ともかく難を免れて生き残ったのは一三一人であったが、そのうち三八人は他所《よそ》に奉公するなどして村を捨てたので、あとに残ったのは九三人であるが、彼らは賽《さい》の河原《かわら》のようになった鎌原村跡に村を復旧することになった。

この復旧作業には隣接する大笹《おおざさ》村の長左衛門、干俣《ほしまた》村の小兵衛、大戸村の安左衛門の三人の長者から、ひとかたならぬ援助があった。彼ら三人は被災直後から生き残った村人たちを引きとって養い、事態が一応おちついた七月二十三日、旧村の上に小屋を二棟たててこれを収容、麦・粟《あわ》・稗《ひえ》などを与えて食をつないでやった。やがて幕府からの援助の手もとどくようになったので、いよいよ本格的な復旧にとりかかることとなった。

この時まず問題になったのは、家（家族）をどのように組みたてるかということであった。ともあれ江戸時代には夫婦子供を柱とする家があって、その家が集まって村をつくっているので、〝浅間押し〟によってずたずたになった家（家族）をまずつくり、それを核にして村をつくらなければ、村そのものが生きてゆけないわけである。

この問題について、被災直後いちはやく現実の実態調査のため幕府から派遣された根岸九郎左衛門は、

「この小屋でははじめは百姓の家筋素生《すじょう》をきびしく吟味し、たとえ当時は裕福でも、もとの家格が低いものは座敷にあげず、相互間でもまた格式に応じた挨拶《あいさつ》をさせていたが、このような大事のなかを生き残ったのだから、九三人の者は身分格式のへだてのない骨肉の一族だ

と思うべきだとして、一同親族の交りをするという約諾をさせた。

そして夫を失った女には、女房を流された男を、また子供を失った親には、親を失った子供を組み合わせて新しい家族をつくらせ、それを軸に村の復旧を進めた」

とその著『耳袋』のなかに書いている。

鎌原地区の老人たちはいまでも観音堂に集まって、〝浅間山噴火大和讃《だいわさん》〟（本書一二一―一二五頁）をとなえて天明の被災者の霊をなぐさめているが、そのなかに「隣村有志の情《なさけ》にて、妻なき人の妻となり、主なき人の主となり、細き煙を営みて……」とあるのは、このところのことである。

ではこのような人為的な家（家族）づくりが、実際にはどのように行われ、それがはたしてうまくいったかどうかは一番興味ある問題だが、それを示す史料は残っていない。被災後の鎌原村の家族状況を窺いうるもっとも早い史料は、天明三年八月と日付の入った「飢人夫《うえにんふ》食《じき》小前割帳」である。それによると家数は三五軒あり、その構成は、

一人家族	一四軒
二人家族	八軒
三人家族	三軒
四人家族	二軒

五人家族　四軒
六人家族　二軒
七人家族　〇軒
八人家族　二軒

となっている。

さて問題なのは、この家族が被災後の家族状況をそのまま示すものか、または人為的に家族を組みたてた後のものであるかが決めかねることである。もし前者とすると、一家全滅したところが五八軒（六二・四パーセント）、一人しか生き残らなかった家が一四軒（一五・一パーセント）ということになる。一方後者とすると、一人家族一四軒のうち、男が五軒、女が九軒となっていることなどから、「夫を失った女には、女房を流された男を、また子供を失った親には、親を失った子供を組み合わせて新しい家族をつくらせ」たというのも、機械的に組み合わせられるものは全部、無理をしても組み合わせたのではなく、当人たちが納得する範囲内でそれをした、としたほうがよさそうである。

復旧資金を出させられた熊本藩

天明三年の浅間山の噴火は、鎌原村をはじめとして、吾妻川流域から利根川合流地域の村々五五ヵ村に約五〇〇〇石余の泥入田畑をつくり、さらに浅間山の東南東地域に広汎《こうはん》な降灰地域をつくるなど、広地域に被害をおよぼした。幕府は被災直後、勘定吟味役根岸九郎左衛門、目付《めつけ》柳生主膳正《やぎゅうしゅぜんのかみ》久通らを派遣して、被害状況の調査にあたらせるとともに、その復旧作業にとりかかった。

徳川幕府は、元禄《げんろく》末年以降、城普請《しろぶしん》のみならず自然災害の復旧作業にも、御手伝普請《おてつだいぶしん》といって諸大名の力をかりるようになっていたが、この場合は何はさておき、幕府自ら復旧作業にとりかかっておいて、その間にお手伝いの大名を選定するという方策をとっている。こんなわけで、肥後五四万石の太守細川氏がお手伝いを命ぜられたのは、被災後四ヵ月を大分すぎた天明三年十一月の半ばのことであった。そして翌年閏《うるう》正月には幕府からこの作業について賞せられているので、熊本藩が実際に復旧作業に従事したのは、ごく少期間である。しかし、幕府が狙《ねら》ったのは実は作業をやらせることではなく、普請にかかったお金を熊本藩から出させることであった。結局熊本藩は幕府がすでに支出していた六万九二〇〇両余を肩替りすることを含めて、合計九万六九〇〇両余をこのために支出している。

熊本藩はこの金額のうち一万両は藩の御用達《ごようたし》にだしてもらい、残る八万六九三二両のうち一万三〇〇〇両を大坂の蔵屋敷から、そして残る七万三九三二両を国元から支出することにした。しかし、当時の熊本藩は財政が相当苦しく、藩庫からそれを支出する余裕がないので、領内村々に割り掛けることにした。しかし、村々にもそれを引き受ける力がないことが判ったので、結局、〝寸志金《すんしきん》〟方式をとることにした。

〝寸志金〟方式とは同藩が考えだした資金調達方式で、同藩の〝金納郷士〟制度とからむものである。それはたとえば宝暦元年（一七五一）の規定にしたがうと、

二〇〇目　　傘御免
五〇〇目　　傘小脇指
一〇〇〇目　礼服傘小脇指
一五〇〇目　無苗御惣庄屋触

などというように、献金した額に応じて、百姓・町人ら庶民にも一定の身分待遇をあたえ、それが郷士という武士身分（非庶民身分）につらなってゆく制度である。

さて森田誠一氏の研究によると、熊本藩の飽田《あきた》・詫摩《たくま》両郡のうちで、この時（天明期）金納郷士身分を得たものは五三人となっており、それは慶応期の二三四人、文化・文政期の五

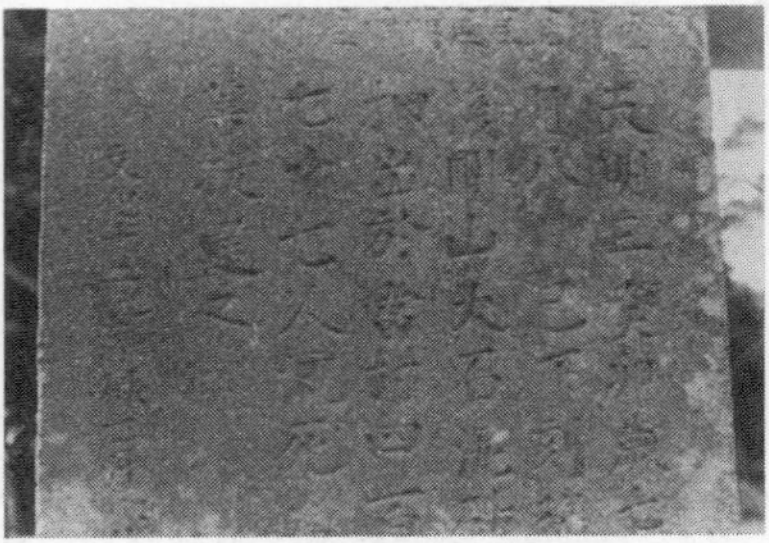
第26図　鎌原村被災三十三回忌供養の碑

七人についで多い人数となっている。〝天明の浅間焼け〟は鎌原村をはじめとして、関東地方に多大の被害をあたえたのみならず、熊本藩に大きな経済負担をかけ、そのうえ、多数の金納郷士を生みだしたわけである。

そもそも〝金納郷士〟制度は、本来固定されているはずの封建的身分制度を、金の力によってつきくずす性格をもっているので、〝天明の浅間焼け〟は熊本藩の身分制度をもゆるがしたということになる。

遅々とした復旧

ともかく一面に火砕流におおわれ、賽の河原のようになった荒地に村を再興しようというのだから、周辺の村々、また幕府からの手厚い支援があったとはいえ、それは容易ならざる苦行であったろう。そのうえ裏街道の宿駅としての機能は、この被災を機になくなってしまうので、それからの収益は全くなくなったはずで、村人たちはその日その日の露命をつなぐのがやっとで、死者を思い弔う気力もなかなか湧《わ》いてこなかったであろう。

彼らが何とか本気で死者を弔う気力をもつようになったのは、被災後三十余年もたった文化年間になってである。文化十二年（一八一五）はちょうど三十三回忌にあたるので、このあたりでできる限りのことをしておこうということになったのであろう。彼らは観音堂の下に大きな石材をすえ、それに四七七名の戒名を刻み、その下に、

天明三癸卯歳七月八日巳下刻《みのげこく》
従浅間山火石泥砂押出
於当村四百七十七人流死
為菩提建之
　文化十二乙亥歳七月八日

と刻んでいる。根岸九郎左衛門の報告書にある死者四六六人というのと人数が合わないが、その理由は判らない。

この三十三回忌供養とどのようなからみがあるのか判らないが、大田南畝《なんぽ》の『半日閑話』のなかに「浅間岳下奇談」として次のような話がのっている。

「信州浅間岳あたりで農家が井戸を掘ったところ、二丈（約六メートル）ほども掘ったが一向に水は出ず、桟瓦《さんがわら》が二、三枚出てきた。不思議に思いながらなお掘ると、屋根が出てきたので、それを崩してみると、洞窟《どうくつ》のようななかに人間のようなものがいる様子なので、松明《たいまつ》

をもってきてのぞいてみると、年のころ五、六十歳の人が二人いた。

彼らがいうには、幾年前か年のころは判らなくなってしまったが、天明の浅間焼けの時、わが家六人の者は土蔵の中に移り住んでいたが、押しよせてきた土砂のために埋められてしまった。四人の者はそれぞれ思い思いに横穴を掘り進んだが出られず死んでしまった。私たち二人はあがくのを止めて、蔵のなかにしまっていた米と酒とで、生きられるだけ生きてみようというので頑張っていたら、今日という幸いにであった、とのことであった。

驚いた農民は早速代官所へ連絡をし、二人を地上にひき上げようとしたら、長い間地下に暮していたのだから、急に地上に出すと死ぬかも知れない、そろりそろりとせよ、とのことであったので、だんだんと穴を大きくしてゆくという方法をとった。なおこの二人の家は被災前はよほど豊かであったとのことである」

というのが、その話のあらましである。

話はいささかSFめいており、また地下に埋められていた村民が、生きたまま掘りだされたという記録も口碑も残っていないので、これは村の誰《だれ》かが地下に埋っているかも知れないという生き残った人々の思いが、近づいた三十三回忌と重なってできた話であろう。

しかし、きびしい日々の生活との闘いが、そのような死者への思いを断ち切ったらしく、その後このような話は生まれていない。ただ生き残った者は他所に出ていた者と、村内の高所にいた者であったのが、時をへるにしたがって高所の一つである観音堂に逃げあがった者のみが助かった、という話に凝結していった。そしていつしか、観音堂に残る十五段の石段が、再生鎌原村の村民と、地下に眠る悲運な祖先とを結ぶ唯一《ゆいいつ》の通路と考えられるようになっていった。その結果、〝天明の生死を分かつ十五段〟という句が生まれ、この石段を掘りさげてゆけば、どこかに観音堂を目指しながら志を達せず、非業の死をとげた人々が埋っているはずだ、という口碑になっていったのである。そしてこの石段も実際は五十段ほどであったのが百二十段あるはずだという口碑を生み、それがだんだん百五十段あったという話に育っていった（この問題については第六章「鎌原村の発掘」参照）。

ともあれ鎌原村の人々が本気になって祖先を弔う余裕をもつようになったのは、明治になってであろうか、明治初年には滝沢対吉氏が作詞、それを鎌原司郎氏が補正した〝浅間山噴火大和讃〟ができ、毎年天明の被災にあたる日には、村人が観音堂に集まって、それをとなえ、被災者の霊をなぐさめている。

浅間山噴火大和讃

帰命頂礼鎌原《きみょうちょうらいかんばら》の
月《つき》の七日《なのか》の念仏《ねんぶつ》を
由来《ゆらい》を委《くわ》しく尋《たず》ぬれば
天明《てんめい》三年卯《う》の年《とし》の

四月初日《しょにち》となりければ
日本《にほん》に名高《なだか》き浅間山《あさまやま》
俄《にわ》かに鳴動初《めいどうはじ》まりて
七月二日は鳴《な》り強《つよ》く
夫《そ》れより日増《ひまし》に鳴《な》りひびき
砂石《しゃせき》をとばす恐《おそ》ろしさ
ついに八日《ようか》の巳《み》の刻《こく》に
天地《てんち》も崩《くず》るるばかりにて
噴火《ふんか》と共《とも》に押出《おしいだ》し
吾妻川辺銚子《あがつまかわべりちょうし》まで
三十二ヶ村《かそん》押通《おしとお》し
家数《こすう》は五百三十余《よ》
人間《にんげん》一千三百余《よ》
村々《むらむら》あまたある中《なか》で
一《いち》のあわれは鎌原《かんばら》よ
人畜田畑家屋《じんちくでんぱたかおく》まで
皆泥海《みなどろうみ》の下《した》となり

牛馬《ぎゅうば》の数《かず》を数《かぞ》うれば
一百《ひゃくと》六十五頭《とう》なり
人間数《にんげんかず》を数《かぞ》うれば
老若男女諸共《ろうにゃくなんにょもろとも》に
四百七十七人が
十万億土《じゅうまんおくど》へ誘《さそ》われて
夫《おっと》に別《わか》れ子《こ》に別《わか》れ
あやめもわかぬ死出《しで》の旅《たび》
残《のこ》り人数《ひとだね》九十三
悲《かな》しみさけぶあわれさよ
観音堂《かんのんどう》にと集《あつ》まりて
七日七夜《なのかななよ》のその間《あいだ》
呑《の》まず食《く》わずに泣《な》きあかす
南無《なむ》や大悲《だいひ》の観世音《かんぜおん》
助《たす》け給《たま》えと一心《いっしん》に
念《ねん》じ上《あ》げたる甲斐《かい》ありて
結《むす》ぶ縁《えにし》もつき果《は》てず

隣村有志《りんそんゆうし》の情《なさけ》にて
妻《つま》なき人《ひと》の妻《つま》となり
主《ぬし》なき人《ひと》の主《ぬし》となり
細《ほそ》き煙《けむり》を営《いとな》みて
泣《な》く泣《な》く月日《つきひ》は送《おく》れども
夜毎夜毎《よごとよごと》の泣《な》き声《ごえ》は
魂魄《こんぱく》この土《ど》に止《とど》まりて
子供《こども》は親《おや》を慕《した》いしか
親《おや》は子故《こゆえ》に迷《まよ》いしか
悲鳴《ひめい》の声《こえ》の恐《おそ》ろしさ
毎夜毎夜《まいよまいよ》のことなれば
花《はな》のお江戸《えど》の御本山《ごほんざん》
東叡山《とうえいざん》に哀訴《あいそ》して
聖《ひじり》の来迎願《らいごうねが》いける
数多《あまた》の僧侶《そうりょ》を従《したが》えて
程《ほど》なく聖《ひじり》も着《つ》き給《たま》い
施餓鬼《せがき》の段《だん》を設《もう》ければ

残《のこ》りの人々《ひとびと》集《あつ》まりて
皆諸共《みなもろとも》に合掌《がっしょう》し
六字《ろくじ》の名号《みょうごう》唱《とな》うれば
聖《ひじり》は数珠《じゅず》を爪《つま》ぐりて
御経読誦《おんきょうどくじゅ》を成《な》し給《たま》う
念仏施餓鬼《ねんぶつせがき》の供養《くよう》にて
魂魄無明《こんぱくむみょう》の暗《やみ》も晴《は》れ
弥陀《みだ》の浄土《じょうど》へ導《みちび》かれ
蓮《はちす》のうてなに招《まね》かれて
心《こころ》のはちすも開《ひら》かれて
泣《な》き声《ごえ》止《や》みしも不思議《ふしぎ》なり
哀《あわ》れ忘《わす》れぬその為《ため》に
今《いま》ぞ七日《なのか》の念仏《ねんぶつ》は
末世《まっせ》に伝《つた》わる供養《くよう》なり
慎《つつし》み深《ぶか》く唱《とな》うべし
南無阿弥陀仏《なむあみだぶつ》
南無阿弥陀仏《なむあみだぶつ》

第六章　鎌原村の発掘

発掘の経過

われわれの調査は昭和五十三年（一九七八）に組織の編成、発掘を伴わない現地調査を含む予備調査、同五十四年に第一次発掘調査、同五十五年に第二次発掘調査、同五十六年に第三次発掘調査、同五十七年に第四次発掘調査という順に行われた。またこれと並行して歴史班による関連史料の広範囲にわたる採訪収集、および火山学班・土壌学班・社会学班による独自調査が行われた。この全般についてはおのおの独自の報告書がでるはずであるので、ここでは主として四次にわたる発掘調査とその成果を概述してみたい。

現在までのところ参加者各人による個別研究はいくつかあるが、共同のものとして存在するのは浅間山麓《さんろく》埋没村落総合調査会編「天明三年（一七八三）浅間山大噴火による埋没村落（鎌原村）の発掘調査」（昭和五十六年度文部省科学研究費補助金研究成果報告書――昭和五十七年三月）、および嬬恋村教育委員会編「鎌原遺跡発掘調査概報――浅間山噴火による埋没村落の研究」（昭和五十六年三月）の二つである。本書は両報告書、なかんずく調査会報告書によっているところが多い。

なお嬬恋村が独自の報告書を作成した事情は、昭和五十四年の浅間調査会の発掘調査結果をうけて、村側が、(イ)、公共施設建設事業および宅地開発などの諸開発に備えて、延命寺等主たる埋蔵遺構の位置を確認する、(ロ)、(イ)と関連して、埋没村落鎌原の埋没状況およびその範囲を明らかにする、などの緊急調査として、文化庁および群馬県の補助金を仰いだからである。なお調査発掘は浅間調査会が嬬恋村教育委員会の委嘱をうけて実施した。

なお発掘のみについていえば、その順序は次のようである。

昭和五十四年度　観音堂下石段部分および十日《とおか》ノ窪《くぼ》の埋没民家部分

昭和五十五年度　村内一〇ヵ所にわたるボーリング調査

昭和五十六年度　昭和五十四年度に行った十日ノ窪の埋没民家部分の継続調査

昭和五十七年度　推定延命寺埋没地域

鎌原村の埋没状況と堆積物《たいせきぶつ》の性格

鎌原村全体が、どのように火砕流に埋められているかは、村全体を全面発掘する以外判ら

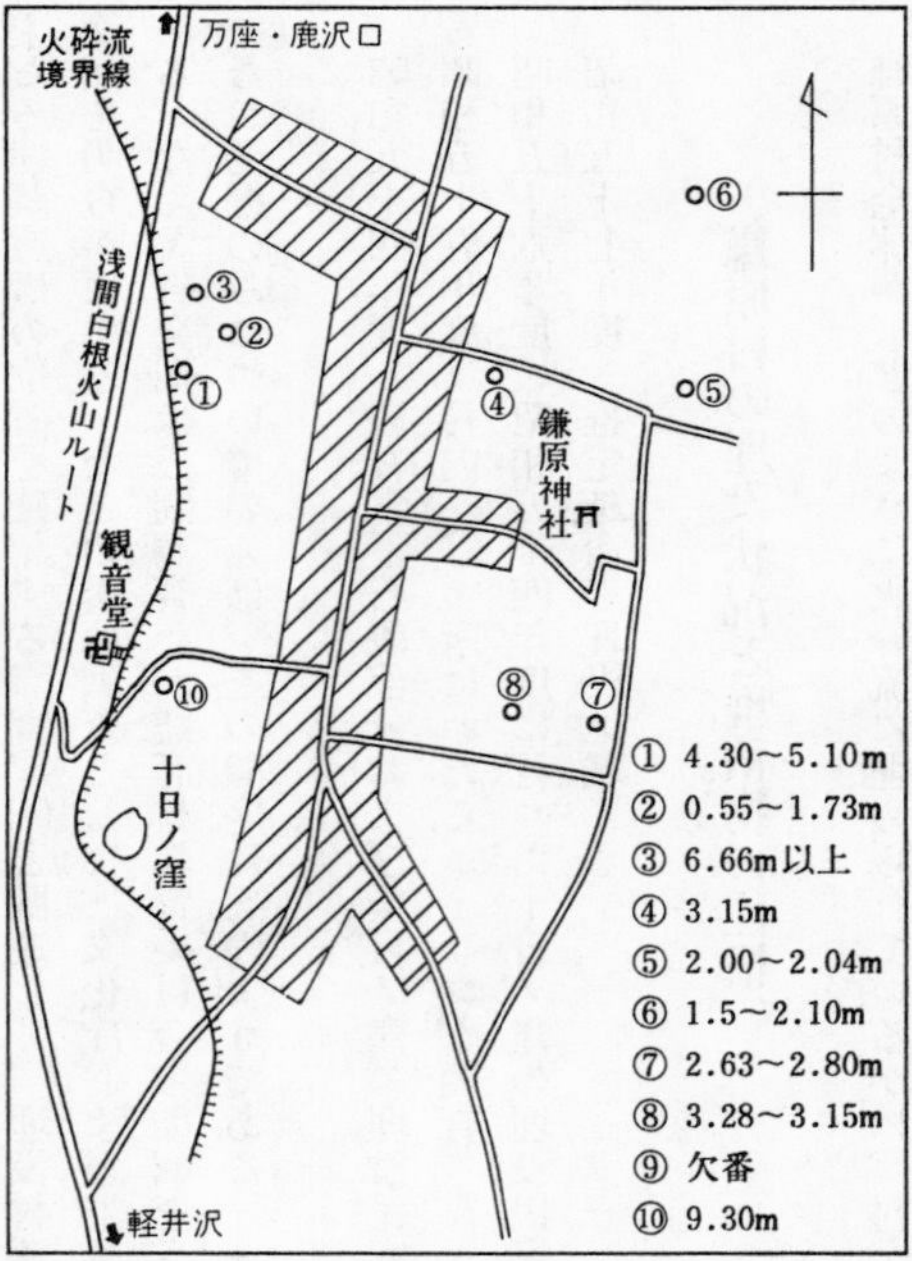

第27図　鎌原村ボーリング図

ないが、現在生活している家屋敷があり、また田畑がある以上それは不可能である。そのため村の内の発掘可能なところで、出来るだけ村全体を覆う形で、村内に一〇ヵ所ポイントを決め、そこをボーリングしてみることにした（ただし⑨番は欠番）。それを地図に入れると第27図のようである。これでも判るように鎌原村はすべてが一様に堆積物で覆われているわけではなく、地域によってかなり厚薄の差がある。まず一番厚いのが①・③・⑩地点であり、薄いのが②・⑥・⑤・⑦である。つまり②を例外として除くと現村落の西側、浅間白根火山ルートにそって走る火砕流境界線に近い地点がもっとも厚くなっており、東側、つまり現村落の東側の水田・畑地地帯が薄くなっている。そして被災当時の地表がどれくらい削り剝《は》がされているかを同時に調べてみると、削剝度《さくはくど》のもっとも高いのが⑤・⑦・⑥・④で、それに続くのが②であり、表土が全く削剝されていないと考えられるのが①・③・⑩である。

　このことから浅間山をかけ下りてきた火砕流の主流がもっとも勢いよく流れたのが、現村落の東側である。したがって当時の表土が一番強く削りとられ、また急流となって流れ走ったので、堆積物の厚さは薄い。この火砕流は現国鉄万座・鹿沢口駅裏の絶壁の上から吾妻川になだれおちるのだが、⑦・⑤・⑥の線がそれに当たる。したがって万一この方面に当時の民家があったとしても、すべて流されて残存物はほとんど見られないだろうということになる。

　一方現村落の西側は村落より高い丘陵地域となり、火砕流がおしよせた境界線もそれより少し高い線に留っている。そのうえ現標高も現村落および、村落東側部分より高い（埋没前の標高も現在ほどでないが同様）。にもかかわらずこの部分の堆積物の厚さが厚いことはこの部分の火砕流の流れは中心部分ほど速くなくゆっくりしていたことを示しており、そのうえ火砕流境界線は浅間白根火山ルートが走っている丘陵の斜面と、その接点がはっきり土手を築いたような線になっているところから、火砕流は中心部分のように南から北に走ったのではなく、若干両側が高くなっている樋《とい》状の容器に流体を急流させた時におこるように、流れが東から西側に走ったことを推定させる。そしてこの推定は以降の発掘を進めるにあたって、大変有効であった。

なお②の地点が特異なのは、浅間白根火山ルートの丘陵の小さな突出部分が、ここにあるからと考えられる。次に鎌原村を覆った堆積物の性格についてみよう。

天明三年の浅間山大噴火による火口よりの流出物は、その流出順序から吾妻火砕流・鎌原火砕流・鬼押出溶岩流の三つに分けられている。ところで溶岩流というのは粘性の強い地殻内からの流出物で、斜度によってもちがうが一時間四キロくらいの速度で、ゆっくりと進むのにたいして、火砕流は乾性の高い粉性の溶岩で、猛烈な勢いで流出するものと説明されていた。したがってわれわれ調査隊のものは、もし鎌原村を発掘してみても、村の本体はおし流されるか焼失するかどちらかで、もし万一残っているにしてもそれは周辺部分の熱のさめた部分に少量あるのみであろう、と考えていた。

ところで徳川幕府は浅間山噴火直後に見分役として根岸九郎左衛門鎮衛を派遣するが、彼は同年九月づけで、かなり詳細な報告書を提出している。根岸鎮衛はこのあと天明七年に勘定奉行に栄進、以降寛政十年（一七九八）までの十二年間、つまりいわゆる〝寛政改革〟の進行期にその実務責任者としてその職にあり、さらに栄進して文化十二年（一八一五）までの十八年間南町奉行をつとめる能吏中の能吏である。また『耳袋』などの随筆があり、当時第一級の文人とされている人物でもある。

さてこの根岸鎮衛の報告書によると、この時鎌原村を覆っているものを〝泥砂火石入り〟と説明している。つまり主体は泥砂であって、そのなかに火石（噴火口からの流出物）が交っている堆積物と判定しているわけである。

では調査の結果どちらが正確であったろうか。もんくなしで〝泥砂火石入り〟と判定した根岸鎮衛の方である。

第11表　新溶岩塊の含有比率

x	h	R
5.8km付近	1,200m	40〜60％
7.5km付近	1,130m	40〜60％
9.8km付近	1,010m	15〜20％
12.0km付近	860m	4〜5％

火口よりの水平距離：x（km）
標高：h（m）
新しい溶岩片の体積（1辺数cm以上）÷全体の体積≒R（％）

いま水上武・行田紀也両氏の報告書から関係部分をとると、火口よりの水平距離一二キロ付近、つまり鎌原地区の溶岩片の含有量は四―五パーセントとなっている。つまり鎌原地区の土中には、押し流されていなければ物が残っているということになるわけである。いま両氏の調査結果を表と地図上におとしたものをかかげると、第11表および第28図のようになる。

つまり、近くは一九八五年十一月十三日大噴火をおこし、二万人以上の犠牲者をだした南米コロンビアのネバドデルルイス火山の場合と状況は同じだったわけである。

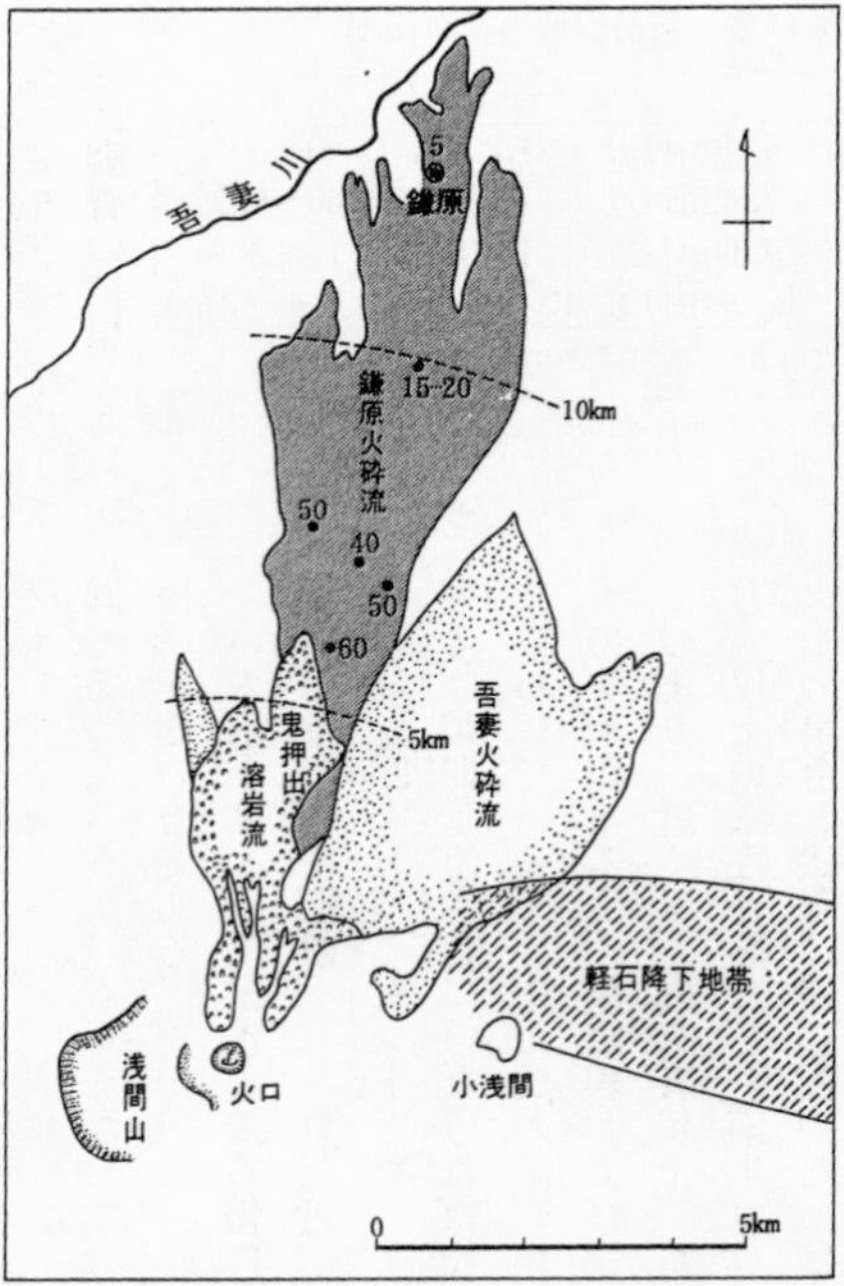

第28図　鎌原火砕流に含まれる溶岩塊量の比率(R)分布（水上武氏作図）

$$R \equiv \frac{\text{溶岩塊の量}}{\text{溶岩塊、岩屑、土石の量}} \times 100\ (\%)$$

こんなわけで、この調査以降われわれは火砕流という従来の表現を粉体流《ふんたいりゅう》と改めた。

観音堂下石段

天明三年の浅間押しによって、鎌原村は総人口五九七人のうち四六六人が死亡、生き残った者は一三一人というほとんど壊滅的な大打撃をうける。この時の生存者にはもちろん他所奉公にでていた者、当日他村に行っていた者も含まれるが、村内にいて助かったのはこの観音堂に逃げあがった者のみであるというので、村民の観音堂信仰は大変篤く、現在に至るまで村の老人会は当番でこのお堂を守り続けているほどである。

ところでこの観音堂は村落の西側、現在浅間白根火山ルートの走っている丘陵の東斜面の中腹にあり、村より一段高いところにある。したがって旧鎌原村からこの観音堂に行くにあたっては、石段を登るのだが、村人の伝承では浅間押しで埋る前は、その石段は百二十段から百五十段あったと言い伝えられてきた。調査の第一の目的は、この石段が実際には何段あるかということの確認と、浅間押しの様相がここで確認できるだろうということであった。

そのうえこの部分の発掘には、いま一つ夢のようなひそかな狙《ねら》い、といったものがあった。観音堂の石段は十五段だけ現地表から出ているが、その右登り口の斜面に、

天明の生死を
　分かつ十五段

という句の入った立札が立っている。

これはここに逃げ上った者のみが助かった、という言い伝えと関連するのだが、天明三年

第29図　観音堂下石段の発掘現場

の悲劇の日、人々はわれ先にと必死になって観音堂めがけて駆《か》けつけたはずである。もちろん無事駆け上った人もあるが、いま一歩というところで、背後からおしよせた火砕流に呑《の》まれた悲運の人もあるはずである。この埋った石段のどこかにそんな人がいるのではないか……。このような口碑にそんなひそかな期待をいだいていたのである。

観音堂石段部分の発掘は、このような二つの伝承の確認をも含んでいたわけである。掘り進むにしたがって、異様な火砕流断面を両側にみせながら、摩滅しつくして、いまにもくずれてしまいそうな地上十五段とはちがって、ほとんど真新しい、昨日完成したばかりといってもおかしくない、立派な石段があらわれてきた。それは農山村でよく見られる、村民の出役でつくった、素人っぽいものとちがって、たとえば著名な信州高遠《たかとお》の石工あたりが精魂こめての作品であろうと思われる精巧なものであった。この石段からも、現在の鎌原から予測できないほど当時の鎌原は豊かだったろうことが思われるものであった。

さてこの石段は約五十段、現地表面から約五メートルのところで終わり、山土でかためた参道に続いていたが、その石段の最下部から二段目に一人、一段目に一人、顔は北に向けた形で人骨があらわれた。二段目に頭を置いた人に、一段目の人がおおいかぶさっているのではなくて、逆に一段目の人の上に二段目の人が乗っており、しかも、一段目の人の足は真直ぐうしろに伸びているのにたいし、二段目の方は腰のあたりで両足がひろがっているところから、一段目の人が、二段目の人を背負ったまま、ここで倒れたことが想定された。しかも二段目に頭をおいた上の人骨は老齢の女性（二号遺体）、一段目のものは壮年の女性（二号遺体）と判定されたが、それ以上のことは専門家の鑑定をまつ必要があった。

観音堂下石段の登り口で発見された二つの人骨は、壮年の女性が老齢の女性を背負ったまま、背後からおし寄せてきた火砕流におしつぶされた形のものであったが、ではこの両女性の関係はどうなるのであろうか。それは大別すると、

(イ)　姑《しゅうとめ》と嫁
(ロ)　姑・嫁といった関係のない女性
(ハ)　親と子
(ニ)　姉と妹

というように四つのケースに分けられるのであるが、(イ)・(ロ)のケース、とくに嫁が姑を背負ったものであれば、現在の世相に照らしてこれは特筆すべき美談で、日本にも昔はこんな良い時代があったと、顕彰の銅像でも建てるべきであろう、と発掘関係者とおしかけて来た見学者たちは話しあった。

この期待は古川研教授（群馬大学法医学教室）の鑑定と、また〝骨の先生〟こと鈴木尚《ひさし》氏に依頼しての復顔によって崩れてしまうのだが、その前にいま一つ書いておく必要のあることがある。

それは二人の遺体の状況から読みとれる鎌原火砕流（粉体流）の流れかた、つまりその方向についてである。浅間山と鎌原村の位置関係からみると、浅間山火口から流れ出た火砕流は粉体流となって、明らかに南から北に向かって流れ、最後は吾妻川になだれおちている。これにたいし観音堂の石段は西から東に向かって下っている。したがってもし石段下部のところで火砕流（粉体流）が南から北に流れておれば、ここに駆けつけた二人の女性は北側に流されて石段のところにいないはずである。にもかかわらず、老女を背負った若い女性は東側からおしよせてきた火砕流（粉体流）に背後からおされて石段におしつけられている。このことは本流部分の火砕流（粉体流）は南から北に流れたが、鎌原村の西側部分では、浅間白根火山ルートのある南北に走る丘陵に直角にあたるよう東側から西側におしよせたことを示している。そして後述するが、このことは十日ノ窪、延命寺跡の場合も状況は同じであった。

まず古川教授の鑑定書から、

一号遺体（背負われた方）

性別　女性

年齢　五十―六十歳

身長　一四五―一四九センチ

その他　歯が全部なく、腰が曲がっている。ただし骨は健康で、普通人には劣るが、歩行は不可能ではなかったと考えられる。

二号遺体（背負っていた方）

性別　女性

年齢　三十―五十歳

身長　一三四―一三九センチ

その他　正常な女性

さて一号遺体と二号遺体との関係について見ると、まず両者が似ている点は「頭や顔の輪郭や手足が短いが、骨は強健であること」、似ていない点は「一号遺体の頭髪は直毛で太

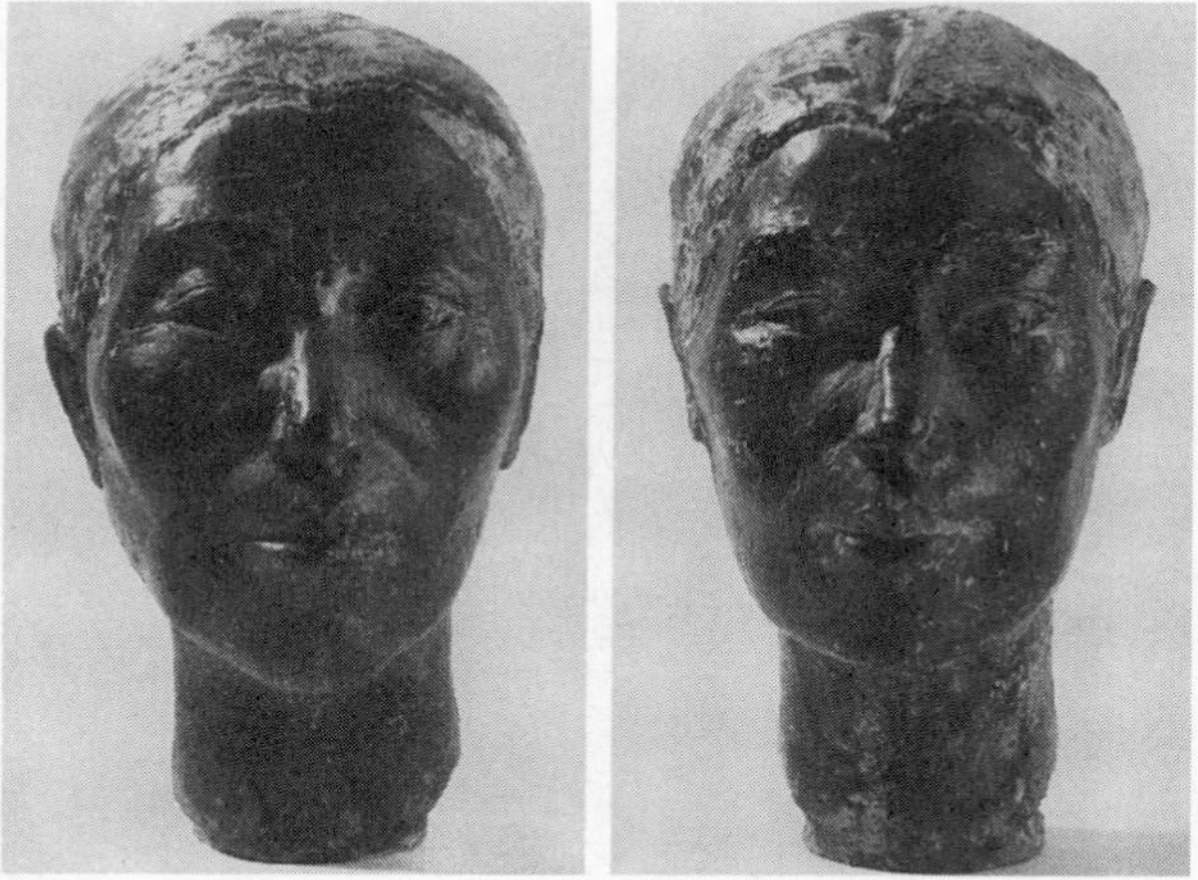

第30図　観音堂下石段から発掘された女性の復顔写真　（左）一号遺体　（右）二号遺体

く、二号遺体の頭毛は直毛ではあるが、細く、太さのちがいは顕著であること」であって、「一号と二号遺体とは似ていないわけではないが、血縁関係を明らかにすることは困難である」と、古川教授は慎重な判断をくだしている。

さてこの後さらに骨の大家鈴木尚教授（人類学）に鑑定を依頼したところ、「両人ともその年齢は古川教授鑑定値の若い方におちつくのではないか、とくに二号遺体については、それがいえそうである。また頭骨の各種測定値は、身長差を修正すると、両者はかなり近似してくる。したがって両者が姑と嫁との関係にあるということは、かなり遠のくのではなかろうか」とのことであった。

さて鈴木氏がこの頭骨を見た時、「これは鄙《ひな》には稀《まれ》な美人である。たとえば富裕な商家のお内儀のような」という感想をもらされた。私はその言葉につられて、よくよく頭蓋骨《ずがいこつ》をながめてみたが、どうしてもそれから美人の顔を思い浮かべることはできなかった。しかし、それを復顔してみると、さすが専門家の言だけあって、すばらしい美女にしあがってきた。しかも両者の顔を見較べてみると、誰《だれ》でも、それが親子か、年のひらいた姉妹であることを疑わないといったほどの似ようであった。

ところで最後に残るのは、この二人の女性が村の人であるか、または鈴木氏の感想に富裕な商家のお内儀を連想する、とあるように、他所者《よそもの》であるかどうか、ということである。この鎌原は埋没当時は、そのころ関東第一の湯治場といわれた草津温泉への街道の宿場であったことも考え合わせると、この二人は鎌原村の村民ではなく、草津温泉を目指す旅人であった可能性もでてくる。つまり、この二人は村民か通行者かどちらであるかというと、いままでのところ、それに断定をくだす材料がない。しかし、私はどちらかといえば、この二人は村民ではなかろうか、という感触をもっているので、以下その理由をのべておこう。

まず第一がこの女性たちの着ていた衣類である。といっても衣類が完全に残っていたわけではない。というより衣類はほとんどすべてが腐蝕《ふしょく》していたのだが、体におしつけられている粘土質の強い土をはがした時、それに衣類の布目がついていたことからの判定である。そ

第31図　一号遺体のかぶっていた頭布

れは五センチ四方くらいのものであったが、布質は絹でも木綿でもなくて明らかに麻であった。日本人の庶民衣料はごくごく一般的表現をすれば、江戸時代の元禄《げんろく》時代（一六八八―一七〇四）に麻から木綿にかわるわけであるが、まだこの吾妻渓谷地帯は天明期には麻布が一般的であったと考えられている。したがって、遺体が麻布を着用していたということは、町からやってきた旅人というより、この土地で生活していた人という可能性をつよくする。なお一言断っておくと、当時日本の農民たちが着用していた麻布は、現在のものからは予想できないほど、布目の粗いものである。

なお衣類と関連して一言つけ加えておくと、この二つの遺体のうち上になっていた方、つまり背負われていた老齢の方は、明らかに頭にわれわれが戦時中にかぶっていた防空頭巾《ずきん》のような頭布をかぶっていた。四月から続いていた噴火は、大きなものになると一万メートルは噴煙をあげていたはずであり、それは鎌原村にいると第32図のようにほとんど頭上一面が真っ暗になって、空からは浮石などが降ってきていたはずであるので、人々は防空頭巾のような頭巾をつくって着用していたのかもしれない。また当地がごくごくの寒冷地でもあるの

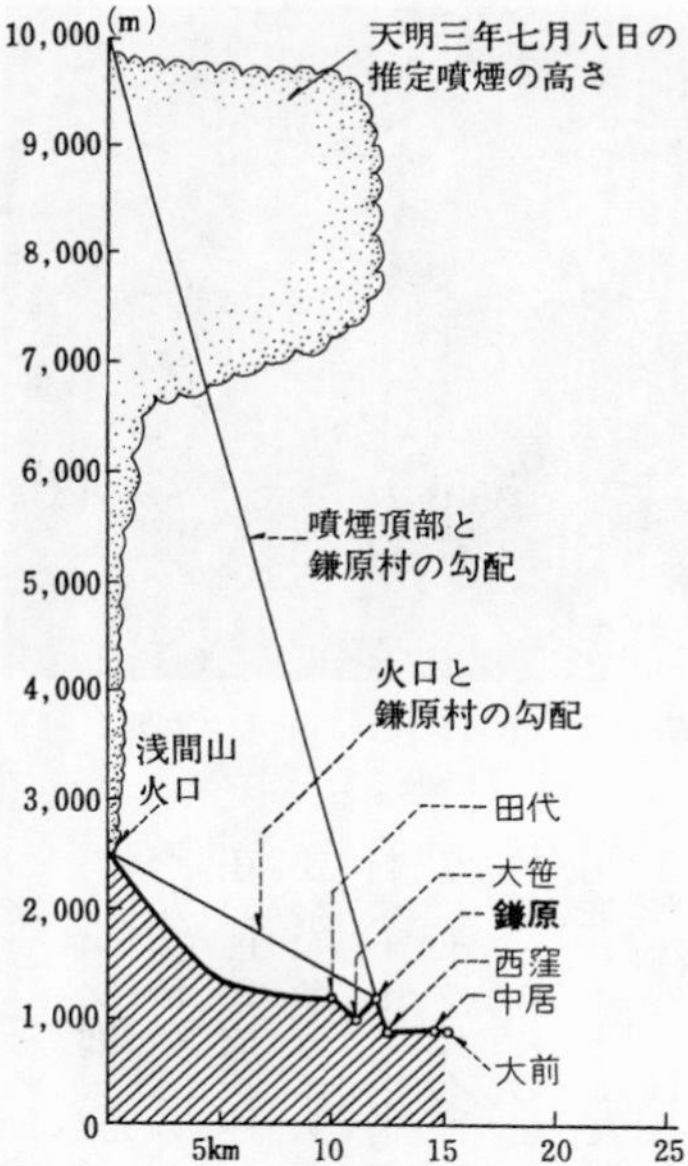

第32図　噴火と鎌原村（『嬬恋村誌』より）

で、野良仕事や山仕事に日常的に頭巾を使っていたのかもしれない。ともかくここからも遺体の女性は土地の者という予測を強くする。

いま一つは、遺体の骨の状況からする予測である。この遺体の手の骨は、とくに上膊骨《じょうはくこつ》はノッペリとした上品なものではなくて、かなり激しい肉体労働を日常的にしていたことを予想させるこぶが顕著であった。つまり鈴木尚氏によると、普通の生活をしている人にはあまり見られないほどのものだそうであるが、筋肉が骨に付着する部分に、はっきりとしたこぶがみられて、それはとうてい肉体労働の少ない富裕な家庭の子女には予想できないものであった。

十日ノ窪民家発掘から得られたものには、いくつかの特徴といったものがあった。その一つは現在の地理的条件からも予想できるように、山村的要素が多分にあったことである（現在の鎌原は山村よりもむしろ農村である）。つまり山の下草刈り、小枝おろしなどに使ったとみられる大鎌《おおかま》が多数でてきたのである。これらの労働にはもちろん男性が主として当たったであろうが、女性といえども例外であったとは考えられない。それは大変な力を要求するものであったことは疑いなかろう。

第33図　十日ノ窪から発掘された石臼

いま一つは臼《うす》が普通農村では考えられないほど多量にでてきたことである。たとえば同一家屋と思われるところから、直径三五センチ、下の台臼の高さ一五センチ、上臼一八センチのひき臼としてはかなり大型のものが三個、それに一般にみられるような小型臼と精米につかう足踏臼《あしふみうす》も発見されている。

そもそも関東地方は江戸時代中期で耕地のなかの畑地比率は約八五パーセントであり、これを全国的にみても畑が著しく多い地域である。そのなかでも上州（群馬県）はとくに畑が多く、なかんずく鎌原のある吾妻渓谷は水田皆無に近いところである（現在は水田がかなりできている）。同家屋には穀物置場と見做《みな》される部分があったが、そこから出てきたのが大麦・小麦・粟・そば等々の炭化物であったことも、それを裏づけている。とすれば、日常的な食事は粉食だったとして間違いはないだろう。ひき臼が多量に出土したわけは、十分納得のゆくところである。この粉食のための臼ひきがこの地の婦人の主要業務だったろうが、臼をひくのは、多量の腕力を必要とするので、二人の女性遺体の手、とくに上膊骨に多大の労働痕跡《こんせき》を残していたのは当然ということになろう。

こんなことからも、私はこの二人は旅人ではなく、村の人と考えているのである。

ところで観音堂下の石段は、少なくとも昭和五十四年の発掘では五十段ということになったのであるが、村人は昔ながらの百二十―百五十段という伝承を修正する気にはなれなかったようで、われわれは同五十五年度の発掘でその確認を試みてみた。一〇号ピットがそれである。この地点は万一石段が観音堂下の延長線上にあるという想定にたってであるが、残念ながら石段は確認できなかった。しかし、次の石段が現在のものの延長線上にあるとは限らないので、この問題は未解決とした方がよいだろうが、現在の状況からはこれ以上発掘の試みをすることは不可能である。ただわれわれ調査会のメンバーは地形その他綜合《そうごう》的な判断から、石段は多分五十段止まりであろうと考えている。

十日ノ窪部分

鎌原村の発掘にあたって、まず最初に対象地としてえらばれたのが、〝十日ノ窪〟と呼ばれている窪地である。ここは現鎌原村と浅間白根火山ルートの走る丘陵との間にできた住居および農耕可能な平地の最南端にある窪地で、地図を見れば判るように、丘陵が大きく東に屈折することによって生みだされたものである。

十日ノ窪という地名は、浅間山に一番近い高度の高い地域にありながら、ここのみがかなりの低地部分をなしており、雨が降るとこの部分にたまった水は十日たっても乾かないことからでた言葉だと、土地の人は語っている。また事実、山間の傾斜地にできた村としては珍しいほどの窪地で、発掘を東側におしすすめるにしたがって水が湧きだして、最後は作業を放棄せざるを得ないほどであった。

この意味では土地の古老の説明は当を得ているのだが、この村に伝承されている古文書を調べてゆくうちに、十日ノ窪に見合うだろうと思われる地名が、〝稲荷《とうか》ノ窪〟と記されていることを発見した。鎌原村では天明三年の噴火で、村に関する文書が全部なくなってしまうのだが、ただ一点だけそれ以前のものがある。貞享三年（一六八六）の「鎌原村検地帳」である。検地帳は村にとって一番大事なものであるので、あれだけの大事のなか、この一点だけを誰《だれ》かが持って逃げだしたのであろうか。またその重要性の故に、控の意味での写がいくつかあるものだが、これは他村にあったその一点か、または被災後誰かが作ったものである疑いも消すことができない。

しかしこれ一点しか土地台帳がないので、ともかくこれによると、鎌原村の総耕地面積は七一三反六畝歩で、そのうち上田《じょうでん》が二七筆一九反四畝歩、中田《ちゅうでん》二九筆二二反一畝歩、下田《げでん》四三筆二七反九畝歩、下々田《げげでん》八筆一反四畝歩となっている。これを総計すると一〇七筆、面積は七〇反八畝歩で、全耕地の約一〇パーセントである。したがって、米のとれる田は大変貴重なわけだが、この田のかなりの部分がこの窪地にあったところから、〝稲荷ノ窪〟という地名が生まれ、それがさらに〝十日ノ窪〟となったとも考えられる。

第34図　十日ノ窪発掘現場

さてこの土地で持主が、炭焼き窯《がま》を作ろうとして地面を掘っていたところ、何か埋没した家屋材らしいものを発見した。これを足掛

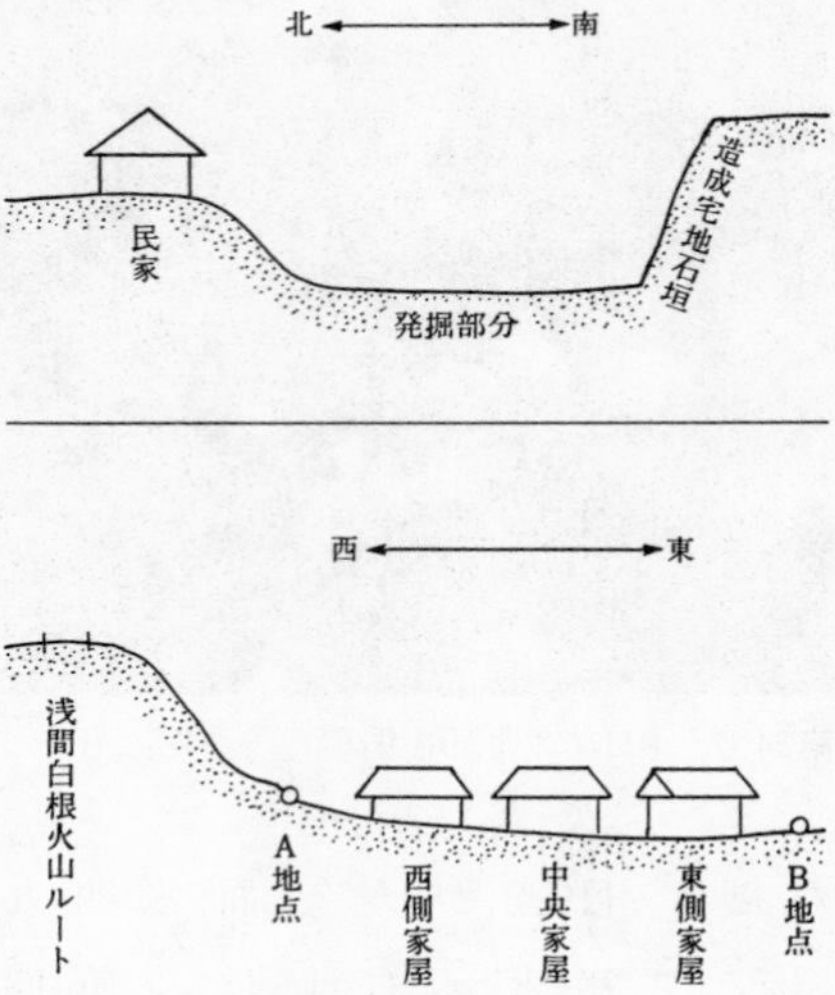

第35図　発掘現場断面略図

りに昭和五十年、鎌原地区老人会有志の人たちが試掘して、地表面から四―五メートルのところから家屋材と家具の一部を発見、後は埋め戻していた。

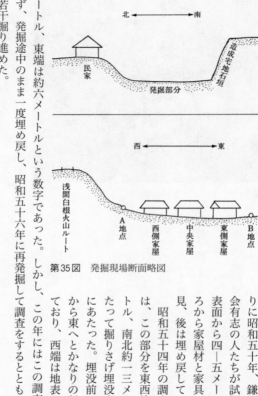

昭和五十四年の調査においては、この部分を東西約一五メートル、南北約一三メートルにわたって掘りさげ埋没家屋の解明にあたった。埋没前の地面は西から東へとかなりの斜面をなしており、西端は地表から約二メートル、東端は約六メートルという数字であった。しかし、この年にはこの調査を完結せず、発掘途中のまま一度埋め戻し、昭和五十六年に再発掘して調査をするとともに、東側に若干掘り進めた。

五十四年度に一気に掘り終わらず、埋め戻したのは、この土地の気象条件による。というのは、この土地では八月十五日以降は急に天候の安定条件が悪く、一日に一度は大きな夕立があり、せっかく掘っておいたところが水びたしになるからである。

以上であるが、この発掘調査は次の三つの制約条件のため、期待したほど十分な成果をえられなかったのは残念である。三つの制約とは、

(1) 図を見ていただければ判るように、発掘部分の南側（浅間山の側）には、造成した宅地を支える高い石垣があり、また北側はかなり急な斜面になっており、その上に民家があって、必要な自由な空間をとれなかった。また東側は西から東に向かった斜面になっており、進むにしたがって水が深くなって掘り進めなかった。

(2) この地点設定の手掛りとなった昭和五十年の老人会有志の発掘は、測量・図面の作成など、基礎作業を欠いたため、完全な状況把握を欠いたまま、一度手をつけた部分を掘る結果になったこと。したがって、五十年度に取り出されている角材（家屋材か？）や民具が、どの部分にどのような状態にあったか、確認ができなかったこと。

(3) したがって天明三年に埋没した家屋が昭和五十年の発掘によって、人工的に破壊されていた後を発掘調査したわけであるが、それより大分前、多分天明三年の埋没よりあまり遠くない時期に、部分的にではあるが掘られたのではないかと思われる部分があった。それは中央家屋の南側の一部においてであるが、著しく攪拌《かくはん》された堆積土があり、それには炭化木材・焼けた壁土・釘《くぎ》、陶磁器片、それにこなごなになった人骨片などが

交っていた。被災後家族かその関係者が、その遺体または家具などを求めて掘り返したのであろうかと推定されたが、これも調査の確度を害したことはいうまでもない。

さて以上三つの条件のため、たとえば家屋があることまでは確認できても、それがどんな間取りで、どんな構造であるかなどまでは判らず、いま一つ確信のもてる調査になりにくかったが、私たちは大体三つの家屋が発掘されたのだと考えている。西側埋没家屋・中央埋没家屋・東側埋没家屋である。いまそれらを簡単に説明すると、次のようになる。

西側埋没家屋

発掘するまではこの部分の家屋は火砕流（粉体流）にのせられて、実際にあった土地からこの地に流されてきたのだろうと考えられていた。しかし、この西側埋没家屋をはじめ、中央・東側を含めて三家屋とも、猛烈な〝地押し〟圧力のため、たとえば土間にしっかりと据えつけられていたはずの、足踏臼が横倒しになり、また東側から土砂がおしこんできたため、屋根が斜めに浮き上がり、また棟部分で二つに割れるなどしていたが、竈《かまど》部分とその上部家屋とには乖離《かいり》状況がないなど、家は最初からその位置にあったものであることが確認された。このことは、現在の鎌原村の最下部分に天明段階の村落もあったのだとする通説に反することになるのだが、それは改めて記すこととする。

この部分からは、柱・桁《けた》・梁《はり》・扠首《さす》・垂木《たるき》などと考えられる家屋の用材、さらに屋根葺《やねふき》用と認められる茅《かや》が分厚く層をなして発見され、その上部には大豆粒ほどの軽石が堆積していた。多分天明三年の浅間山噴火がもたらしたものであろうが、だとすると観音堂下石段から出てきた女性が防空頭巾様の頭布をかぶっていたこともうなずけるところである。またこの部分の木材はどれも焼け焦げがみられないところから、この部分におし寄せた火砕流（粉体流）なるものは、冷性のものであったと考えられる。

以上のように、この部分では家の形状・種類の確認はできなかったが、それなりの成果を収めることができた。しかしこの部分の発掘で一番注目されるのは、家屋の裏庭か、または裏山に続く斜面部分から発見された、同家の貴重品と思われる品々である（第35図A地点）。状況が悪くなったので、屋外のその部分に莫蓙《ござ》などをしいて貴重品をとりあえず疎開させていたのであろうか。貴重品というのは緡《さし》に通した銭・糸印《いといん》、筆墨、べっこうと鶴《つる》の足をつかった簪《かんざし》、ガラス製の鏡、印籠《いんろう》、極小の竿秤《さおばかり》などである。

まず緡で束ねた寛永通宝のいくつかの山であるが、これは日常使用分というより、多分蓄積用であろう。しかし、それにしても寛永通宝は庶民の日常使用のものだから、これにあまり注目するわけにはゆかないだろう。問題は糸印風の印鑑と、ガラス製の小型手鏡、それにべっこう、鶴の足の簪である。

まず糸印風の印鑑であるが、鑑定にだしたところ、まぎれもない糸印そのものであること

第36図　発掘された糸印

が判った。そもそも糸印というのは室町時代から江戸時代初期にかけて、中国から白糸《しらいと》（生糸）を輸入した時、生糸一斤ごとにつけられていた銅製の印で、この数で輸入量を検査し、これを受領地《ずりょうち》で押して取引証文としたものである。印には鈕《ちゅう》がついており、印と鈕との間には穴をうがって、これに紐《ひも》がつけられていた。鈕には獅子《しし》・虎《とら》・竜・猿・犬などのような動物や人物がついており、印面に刻まれた文字も読めないものが多かった。全体がいかにも風雅な趣をもっていたので、江戸時代には文人墨客にこよなく愛され、数も少ないところから、かなりの高値で取引きされたようである。豊臣秀吉もこれを愛好し、それを自分の朱印状に用いたことは有名である。ここからでた糸印は鈕が大黒形の像になっており、文字は判読できなかった。一見して質の高いものであった。

次の手鏡であるが、それはそれまでの日本在来種の銅製の鏡とちがって、裏に水銀を塗ってつくったガラス製のものであった。いわゆる〝うぬぼれ鏡〟として知られる南蛮渡来のもので、当時としては超モダンなものであった。早速鑑定を求めたところ、当時としてはイタリアのヴェネチアのみでしか製作していないもので、しかも円筒型に吹いたガラスの両端を切り開いて拡げて造る、いわゆる〝円筒吹き法〟という技法で作った世にも珍しいものであった。この形のものが日本に渡来してまだ十年前後という時期であり、またその数もごくごく少量であったろうから、それがこんな山中にあるということは奇蹟《きせき》に近いことと考えられた。

第37図　発掘された手鏡

次に簪であるが、これはべっこうと鶴の足をつかった高級品で、当時としては派手な商売女か、またはよほど裕福な家のお内儀でないと持っていないものだとのことであった。

この他十日ノ窪からは多くの銭がでているが、そのなかに珍しいものが二つあった。一つは宝永十文銭、側用人《そばようにん》柳沢吉保と組んで元禄後期の政治をとりしきった勘定奉行の荻原《おぎわら》重秀のときに発行された通貨の一つである。しかし、発行はしてみたが質が悪いため通用せず、わずか十ヵ月で廃止しているもので、現在では骨董《こっとう》的価値が高い。いま一つはがん首銭、キセルのがん首をつぶすと一文銭に似た形になるが、これを緡で綴《つづ》った百文の束のなかにまぎれこませて、銭の数をごまかすのに使ったものである。

中央埋没家屋

この部分は発掘の進行上、発掘が昭和五十四年と同五十六年の二度に分断された。これをしいて分けて説明すると、西側埋没家屋に連続する部分がまず発掘され、それから東にある程度進行したところで五十四年の調査が終わり、五十六年度はそれを東に掘り進むと同時に、南にも掘り進めた。

昭和五十四年度発掘部分からは、馬鍬《まぐわ》、斧《おの》・鉈《なた》・鳶口《とびぐち》などの鉄製品のほか、唐臼《からうす》、足踏臼・支石・杵《きね》など関係物が原形をくずした形で、また砧《きぬた》とその台石などが発見された。その部分は、農耕具・山作業用具などが集まった形で、それに各種臼などがあったことから、道具の集積場を兼ねた作業場を思わすところであった。

この部分でとくに注目されたのは、切石によって築かれた大きな竈に、直径四〇―五〇センチもあったろうかと思われる大きな鉄製の釜《かま》（鍋《なべ》かもしれない）がかけられた形で出てきたことである。

またこの部分の上には東西に棟の走る家屋に、東側から土砂が押し入ってきたため、屋根が棟の部分で半分に割られた形で（したがって、東側が西側より大きく割られた形で）かぶさっていた。このことから家は浅間火砕流におし潰《つぶ》されはしたが、おし流されてはいないことが判明した。このあたりまでは、少なくとも焼失現象と被災後発掘されている状況は見られなかった。

しかし、これから南側に移るにしたがって、非常に高温で焼かれた部分と攪拌された部分とが入り交って、解釈を著しく困難にしていた。そのうえこの部分からは、損傷の甚だしい女性のものとみなされる遺体、またこなごなになった人骨片なども出てきている。

こんなところから、この部分は、(イ)時間的な問題は判らないが、問題の浅間押し前に、失火とか飛来した焼けた火山弾のためにこの部分が焼失していた、(ロ)または家屋内部にあった火のために、押しつぶされてから発火・焼失した、(ハ)ここに人間が埋っていることが確かなために、後に誰か掘ってみて、木材その他に火をかけて焼き払った、等々のことが想定されるが、残念ながら問題を確定するには状況は混乱しすぎていた。

なおこの部分から出土したものを、発掘担当の松島栄治氏が整理した表をかかげると、次のようになる。

I 衣食住関係

1 衣生活

〔衣類〕炭化した絹布、木綿布片多数〔履物〕下駄3

〔装身具〕鼈甲《べっこう》製の簪《かんざし》、漆塗櫛《うるしぬりぐし》〔その他〕鋏《はさみ》

2 食生活

〔食物〕炭化した麦（大小）、粟《あわ》多数

〔飲食用具〕漆器椀多数、陶磁器皿、碗、鉢など各種多数、銅製水差し、箸《はし》

〔炊事用具〕鉄製鍋または釜、鍋、杓子〔貯蔵用具〕樽《たる》、曲物残片

〔調理用具〕擂鉢《すりばち》4、捏鉢《こねばち》、木製臼

〔穀物の精製用具〕挽臼《ひきうす》5、他に破片、唐臼3、および足踏杵柄の支点石

〔その他〕小型竹製容器、粗製石製容器（硫黄塊入）

3 住生活

〔建築用材〕屋根の茅多量、角材（柱、桁、梁、垂木、扠首等）多数

〔竈〕凝灰岩切石組竈、硫黄塊〔家具・調度品〕灯明皿3

〔その他〕釘多数、炭化した蓙《ござ》部分少量、木製楔《くさび》

II 経済生活

1　農耕
〔稲作〕馬鍬〔畑作〕鍬7、鍬の柄、鎌
〔その他〕鶴嘴《つるはし》、石の錘《おもり》、砥石
2　山仕事
〔伐採用具〕斧3、斧柄、鉈《なた》2、大鎌11
3　交易
〔貨幣〕小判、寛永通宝多数

Ⅲ　社会生活
1　教育・文化
〔文房具〕硯
2　制度
〔貴重品〕判子
3　趣味・娯楽
〔喫煙具〕煙管〔茶ノ湯〕茶碗4〔遊具〕賽子《さいころ》

Ⅳ　信仰生活
　1　仏教
〔仏像〕陶板浮き彫り小型三尊像　〔仏具〕合金製小型鐘、香炉4
　2　神道
〔祭器〕小型高坏3

東側埋没家屋

この部分は十日ノ窪の発掘現場のなか、諸般の事情から一番作業が不十分な、というより発掘が不可能なところである。したがって、しかとした報告はできないが、茅葺《かやぶき》の屋根をもった家屋が一棟存在していることは事実である。しかし、天明の浅間押しのすぐ前か、またはその当時出火しており、かなりの部分が炭化していた。この部分からは自然石組の竈、家屋建材の各部分、鉈・茶釜・鉄製鍋・銅製水差し、漆器椀、それに炭化した大麦・小麦などが発見された。

石仏と村の位置

この東側家屋にかなり接しているだろうと思われるところ（B地点）から、造って間もない時期に埋没しただろうと思われる形のよい石仏が一体出てきた。石質は観音堂下の石段に近似していて、私はそれを信州高遠の石工の手になるもの、と推測した。高遠の石工は石仏造りの名手で、その作品が信州各地に見られる。私は観音堂の石段づくりに来村した石工の一人が、その時刻んでいったのではなかろうかと推測しているが、当たっているであろうか。

　さてこの石仏の発見は十日ノ窪発掘の最後の日、それも埋めもどし作業直前であって、かなり〝執念〟のこもったものであった。執念というような大仰な表現をつかったのは、次のような理由からであった。

第38図　十日ノ窪より発掘された石仏

　現鎌原村の集落は第39図にあるように、浅間白根火山ルートが走っている丘陵から、少し離れた小平地上にあり、埋没した旧鎌原村も、この村の直下にあるとされてきた。しかし、地形を観察すると、このようなところでは村はもう少し西寄り、つまり丘陵にすりついたようなところにあるのが、日本の山間集落一般のありようであるので、私は何とかそれを実証してみたいと考えていた。押し流されてきたといわれていた十日ノ窪の民家が、本来この地にあったことが判ったことも、一つの証明であるが、この民家の東側に南北に走っている村道が見

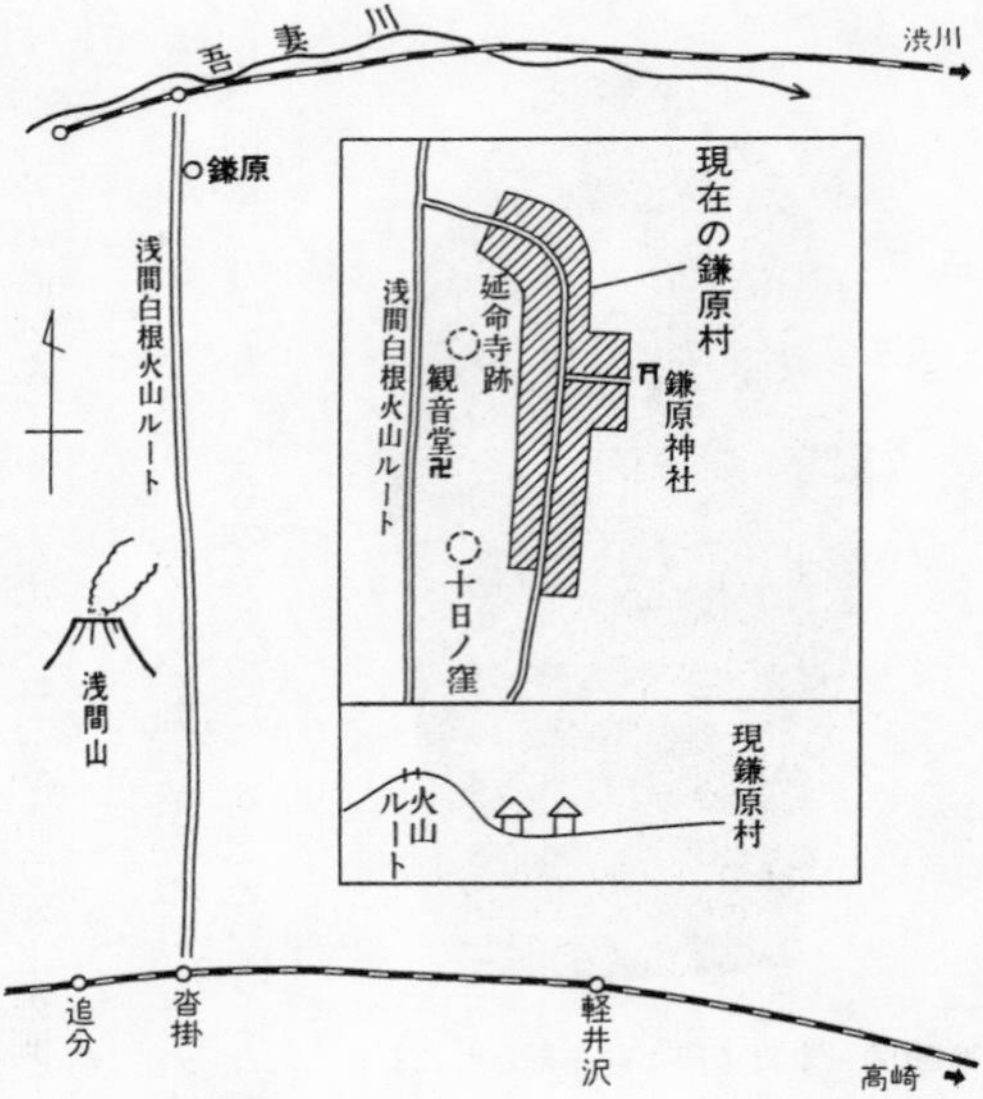

第39図　鎌原村略図

つかれば、事態はいま一歩前進するはずだと考えて、この部分は意識的に掘ってみたのである。その結果出てきたのが普通道路脇《わき》に建てられているこの石仏である。ただし村道とおぼしいものは、この地に長年水がたまっていて地面がじゅくじゅくになっていたことと、南北および東側ともにそれ以上掘り進めないため、確認できなかった。

出土家屋の性格について

この十日ノ窪から出てきた家屋は、この記述では一応〝西側埋没家屋〟〝中央埋没家屋〟〝東側埋没家屋〟と分けてみたが、それが全く別人の家屋であるのか、または棟は異にするが同一家屋のものであるかは判らなかった。しかし、憶測を若干加えるとすると、私はこれはいくつかの棟をもった一軒のものだろうと考えている。ではどんな家だろうか。その特徴をあげてみると、次のようなことになろう。

(イ) 二つまたは三つの棟をもった家ということから、これは山間村落の普通の百姓家ではない。

(ロ) 山の下草を刈る大鎌や鎌が一つならず出てきたところからみると、ある程度の山持でもある。

(ハ) 足で踏む石臼がこれも一つならず出ているところをみると、食糧の消費量は普通の単独民家よりはるかに多いと考えられる。またひき臼も多数出ていることもこの家の性格を偲《しの》ばせる。

(ニ) うるし塗りのおわんが多量に、またソバチョコ様の陶器も単独民家をうわまわるほど出ている。

以上(イ)・(ロ)・(ハ)・(ニ)から、この家は旅籠屋《はたごや》でなかったろうかと予想される。

当時の上信地方には、善光寺↓屋代↓上田↓小諸↓追分↓沓掛↓軽井沢↓坂本↓安中↓高崎という北国《ほっこく》街道・中山道（両者は追分で合流）があったことは周知のところだが、この街道は表街道で一般の庶民にとって、なかんずく商人荷物にとっては快適な通路ではなかった。そのため、庶民と商人荷物はそれより一つ北側にある裏街道を通るのが一般であった。この裏街道は単調ではなく、むしろ縦横無尽といった体《てい》であったが、当時の鎌原村は、上田↓真田↓大笹↓大前を、また松代・飯山方面から須坂↓干俣↓大前ときて、ここで合流して鎌原↓狩宿↓須賀尾《すがお》↓大戸から高崎に出る、いわゆる大戸通りという大街道が通っていた。つまり、鎌原はこの大街道の宿場街となっていたわけである。この十日ノ窪の家屋はその旅籠屋だったろうことは、ほぼ疑いないところである。

ではどんな旅籠屋だったのであろうか。断定はできないにしても、それを推測させる面白いデータが出ている。その第一は〝西側埋没家屋〟のところで指摘しておいたとおり、緡《さし》に通した幾房もの銭、一般民家の持物をうわまわった糸印、それに印籠・極小の竿秤、またべっこうと鶴の足でつくった上質の簪、それに、当時の日本ではまだ超珍品であったはずのイタリア・ヴェネチア製のガラス製の鏡、どれをとってもこの民家がただの民家ではなく、ごくごく富裕な民家であったことを示している。ではただ普通の富裕な民家であったのだろうか。文献史料を全く欠いているので何ともいえないところだが、私には長年の農村史料の調査から、この家からの出土品に普通の民家より色濃い艶《つや》のようなものを感じたのである。つまり、飯盛女《めしもりおんな》のような遊女を置いた旅籠屋の臭いを感じたのであった。

そしてそのことは、このところから、いわゆる二足の草鞋をはく、という時につかわれる

十手《じって》と、銭箱のなかからバクチに使われるサイコロが出てきたことで強められた。この旅籠屋の主人は、遊女をおくとともに、お上から十手捕縄《とりなわ》もあずかっていたのであろうか。

さてこの家については面白い史料が残っている。どの部分にあたるか判らないのが残念だが、老人会が掘りだした木片のなかに、上図のような注目すべきものがある。板そのものは何の変哲もないが、問題はそれに記された字である。まず「幸八」という字であるが、これは明らかに人名としてよい

であろう。問題は年代であるが、一に見えるが、その書きだしのところが大きく上から筆が流れてきているところをみると、むしろ三の字が割れて一に見えているとしたほうが順当であろう。とすればこの木片は、安永三午年という年号が入っていたとするのが一番順当である。とすると天明三年の浅間噴火の九年前のものということになる。

ところでこの割れた木片は割符《わりふ》のような割れかたではなく、明らかに外力によって不自然に割れたものである。荷物についてきた送り主の荷札ということも可能性としてはあるが、そうすると幸八をこれ以上詮索《せんさく》することは不可能になるので、この家の構成員と想定してみよう。鎌原地区の人々の菩提寺《ぼだいじ》である、長野原町の常林寺の過去帳から復元した被災当時の戸籍帳によると、幸八という名の出てくるのは、次の三太夫家のみである。

海縁禅定門	三太夫	
流生禅定尼	同妻	かな
一屋流二禅定尼	同母	志め
梵海童子	同倅	三治郎
不川童子	同倅	助四郎
流放童女	同娘	いよ
覚流童子	同倅	又四郎

海間禅定門　　同弟　幸八
林海禅定門　　同甥　武右衛門
欲流禅定尼　　同甥娘　み屋
順海禅定門　　同甥　弥七

これによると「幸八」は戸主三太夫の弟で独身。三太夫は妻のほか三男一女の子供があり、母が同居。幸八はそこに同居しているのだが、そのほか二人の甥《おい》と一人の甥娘が同居しており、都合一一人の大家族。江戸時代は普通単婚小家族といって、夫婦に子供、それにせいぜい戸主の父母がついているのが一般で、このように戸主三太夫の弟、甥、甥娘といった人々の加わった複合家族は珍しい。それなりのいろいろな理由が考えられるのだが、同家が旅籠商などをしていたので、人手不足からこのような人を使用人がわりにしていたことが考えられる。とすると戸主の弟で年齢的にみても働き盛りの幸八は、きっと帳場をあずかっていたということになろう。運命の日、幸八は、三太夫家の帳場に坐《すわ》っていた。午前十一時ごろであるから、朝の客や荷物はおくりだし、帳簿の整理をしていたか、あるいはやれやれと横になって、一息いれていたところかも知れない。

ともかく三太夫家は全滅してしまったわけだが、同家跡から出てきた複数の遺体は誰だったのであろうか。私には横になって遺体の一部が焼け焦げていたのが幸八さんであるような

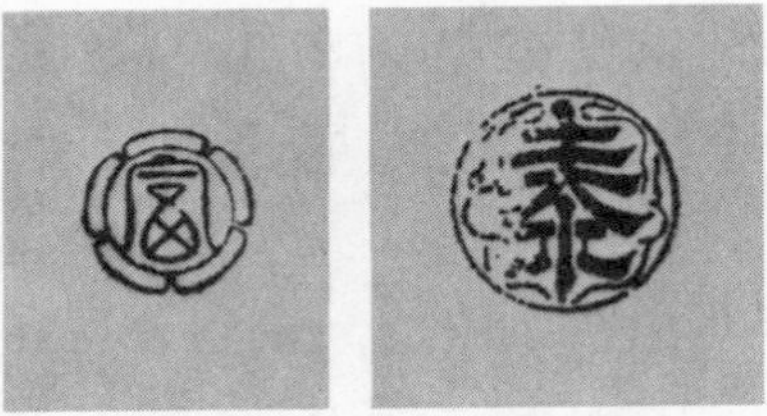

第40図　三太夫家の帳場から出たと思われる印鑑

気がしてならない。

第40図は、三太夫家の帳場にあったと思われる印鑑である。農家のものではなく、商家のものだと思われる。

最後にこの三太夫家一一名の戒名に、「海」「流」「川」のどれか一字が入っているのが目をひくが、それは行方不明になった人たちが、吾妻川から利根川を下って、やがて太平洋か江戸湾におし流されたと信じられていたことに由来するのであろう。

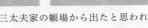

延命寺跡について

今から七十六年前の明治四十三年のことである。鎌原村から約四〇キロほど離れた吾妻町矢倉地籍の吾妻川の川原から、中央に「浅間山」、その右側に「別當」、左側に「延命寺」と刻んだ巨大な石碑がみつかった。全体に石をうち合わせてできたような傷があるが、とくに右肩から斜め下に刀で袈裟《けさ》に切られたような欠損部分があり、「別當」と読んだ右側の字にいたっては、下の當は欠損がありながら何とか「當」であることは確認できるが、「別」の字は偏の方の、しかも「力」と見える下の方があるだけである。つまり、この石碑だけからは、「別」の字の判読はできないのである。

ではこれを何故「別當」と判定したかというと、鎌原村のなかから、袈裟に切り落された石碑部分と思われるものが出てき、それを合わせてみると、完全に整合するのみならず、「別」の字が完全に合成されたからである。現鎌原村のほぼ中央から東に向かって走る一本の道がある。その分岐点のところに、「右すがを」「左ぬま田みち」と刻んだ石の道標が立っているが、これをさかさにして吾妻町の川原から出てきた石碑の欠けた部分に合わせてみると、完全に整合するのみならず、それまで不明であった「別當」の字が完全に復元されたのである。

第41図　延命寺石碑

この鎌原村所在の断片が、村のどの部分から、何時《いつ》ごろ出てきたかは判らないが、ともかく四〇キロ下流の吾妻川原から発見された石碑と同体であることが判り、村で引き取って観音堂下に建てられていたのだが、はたして延命寺がどこにあったかは判らないままに今日に至っていた。ただいつからか延命寺があったところとして標柱が建てられているが、それは浅間押しの外側にあるので、多分当時はもう少し東側にあったろうことは疑いのないところであった。

また当村には、鎌原村の天明の潰滅《かいめつ》以前の唯一の史料として、貞享三年の検地帳があるが、それによると延命寺は、

総反別　一町三反五畝二〇歩

内屋敷地　七反二畝四歩

の田畑屋敷とその外に田畑合わせ七反五畝二一歩の除地《じょち》を持っている。

ところで延命寺とはどんなお寺かというと、『上州浅間岳虚空蔵菩薩略縁起』によると、第五十六代清和天皇の第三皇子貞元親王四代の孫、鎌原石見守源幸重がこの地に住みついた。この幸重が長暦《ちょうりゃく》三年（一〇三九）四月八日に延命寺を建立して、ここに行基菩薩作の虚空蔵菩薩を納めた。また鬼神堂という小祠《しょうし》を建てここに慈覚大師作の延命寺菩薩を祀《まつ》った。この寺は広く庶民の信仰をえて盛んであったが、武田信玄の兵乱で縁起・宝物ともに焼失したが、幸いに本尊の虚空蔵菩薩はいちはやく持ち出したので類焼をまぬがれた。戦乱が収まり江戸時代に入ると延命寺も再建され、寛文《かんぶん》五年（一六六五）に東叡山《とうえいざん》寛永寺の末寺になり、ますます繁栄にむかっていた。

さて推定延命寺跡の発掘は、昭和五十五年と同五十七年の二度にわたって行われた。というより前者は村全体の被災状況を知るため一〇ヵ所のピットを設けて昭和五十五年に試掘したが、その時の一号ピットを掘り下げるうちに、たまたま延命寺に関係する遺品にゆき当ったというのが正確かもしれない。

一号ピットは現在建てられている「延命寺跡」の標柱から約三〇メートル東方に向かったところに設定された（「延命寺跡」の標柱は天明の浅間押しの被覆土地域の外側にある）。この地点は浅間白根ルートの丘陵が傾斜をはじめて、やがて現在の鎌原集落に至る、最初の急斜面の中ほどにあたるところである。発掘は地表部分で東西約七メートル、南北約五メートルの区域を掘りさげていったところ、西端で四・三メートル、東端で五・一メートルの深さのところで、東西約三メートル、南北約一メートルの広さの天明三年当時の地表が出てきた。この部分から、

不動明王坐像
弁財天像
厨子《ずし》の端片
獅子付銅製香炉蓋《こうろぶた》・陶製香炉
銅製吊灯明台《つりとうみょうだい》および灯明皿

漆塗金箔付《きんぱくつき》仏具断片
寛永通宝一緡（約一〇〇枚）
他に金箔片・漆剝片《はくへん》多数

が出てきた。明らかに寺院にかかわるものであるが、その場にあったものがおしつぶされたものか、また、どこか他の場所からおし流されてきたものかは判定できなかった。

この時は、たまたま一号ピットから、仏像・仏具が出てきただけで、延命寺跡の全面発掘ではなかった。それにとりかかったのが昭和五十七年の夏であった。まず発掘場所の設定であるが、一号ピットより一段さがった畑地が選定された。その理由の第一は延命寺跡（本堂のあった部分）といわれているところは二ヵ所あり、その一つは発掘場所に選定したこの畑地と、いま一つはこの畑より二〇メートルほど北側のこれも畑地である。この土地は地面下にあたかも寺院らしい大きな建造物が埋っていたらしく、それが朽ちて陥没したのだと伝承のある大きな窪地である。そして大雨でもあると、いまでも少しずつ陥没することがあるとのことであった。こんなことであったが、発掘地点はあえて前者をえらんだ。その理由としては発掘土の土置場の設定の便、地権者との交渉等々があったが、決定的なものは観音堂下石段から二体の遺体を、また十日ノ窪から道路脇のものと思われる石地蔵を掘りだした時にはたらいた、一言でいえば私の〝勘〟といったものであった。

発掘は昭和五十五年調査の一号ピットを西端近くにとりこんで、東西二三メートル、南北八メートルの地域を予定した。現地の地形を概略図示すると第42図のようになり、現鎌原村の中央村道から真西に民家の間を通って、わずかに登りの斜面になっている地点にある畑地にあたる部分である。もし被災前の鎌原村が、いまの村の下にあるとすれば、このあたりに参道の入口があり、吾妻町の川原まで四〇キロも押し流された、延命寺の石碑はこのあたりにあったはずである。さてこの道をのぼりつめたところが一段高くなり、南北に走る道にそって明らかな屋敷地様の平場《ひらば》に至っている。A・B・Cと地域区分をして発掘を予定したのは、この延命寺の境内地であったと考えられるところである。ただし東西は地形から見てほぼこの範囲であろうが、南北はその何分の一かに当たることは間違いなく、問題はその範囲内に延命寺の本堂部分を捉《とら》えられるだろうか、ということであった。つまりこの時私が脳裏《のうり》にえがいていた延命寺の略図面は第44図のようであった。

さてこのように制限された箇所でも、実際に全部掘るのは大変なので、発掘にとりかかる前に試験的に「地中探査器」をつかって地中の状況を探っておくことにした。「地中探査器」とは、地下工事などの時、水道管やガス管などの存在を確認しておき、工事によってそれらが損傷することがないようにするためあるメーカーによって開発された、最新の「地中探査器」であった。あらかじめ発掘予定地を縦横一メートル間隔に仕切っておき、反応のもっとも強いところを重点的に注意して掘るという手法をとるのだが、この機材の有効探査深

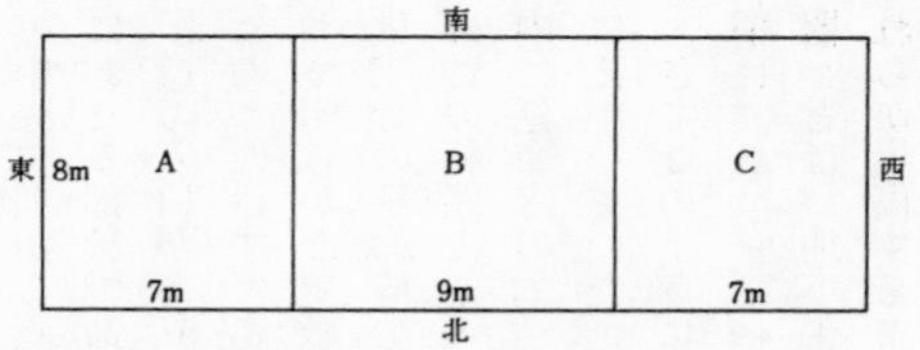

第42図　延命寺発掘現場平面図

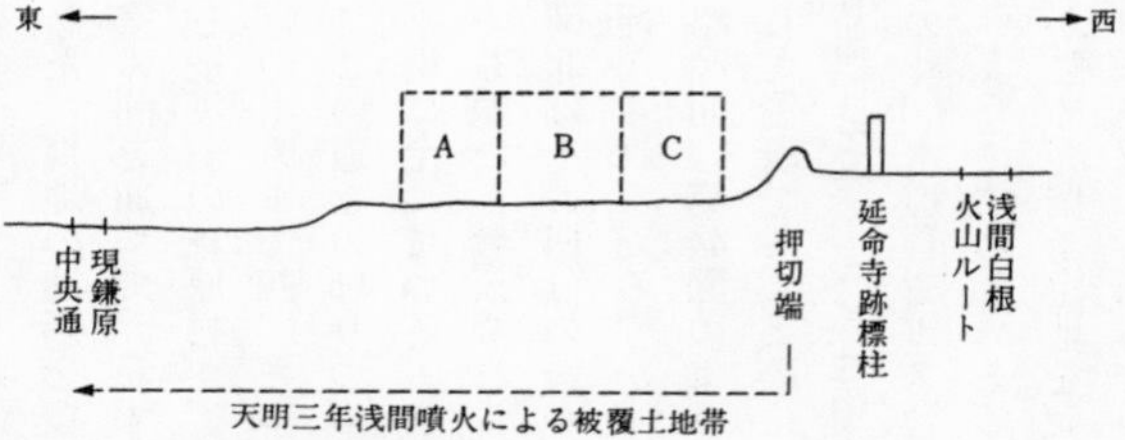

第43図　延命寺発掘現場断面図

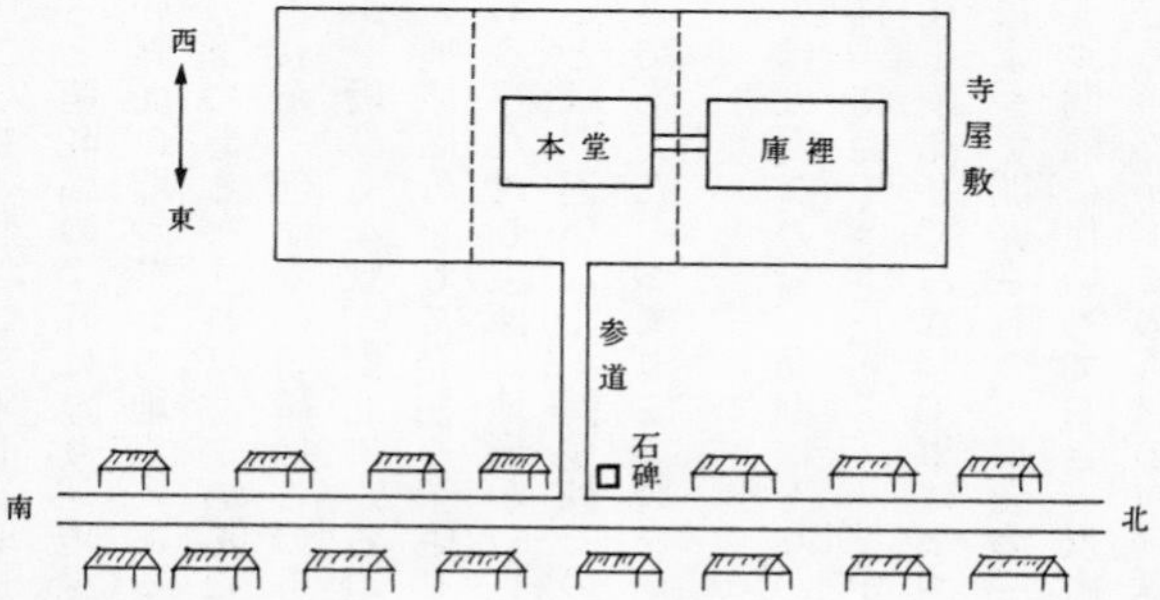

第44図　延命寺略図

度が二メートルまでであったため、われわれのように三メートルから五メートルも探らなければならない調査には、あまり有効でなかった。しかし二メートル以内のところでは、反応箇所に大きな石や木材、また空洞などがあったので、もし浅い発掘であればきっと有効だったろうと残念だった。

発掘はA地区から始めた。この発掘で最初に出てきたのは、「地中探査器」でもその存在を確認していた大きな石であるが、それを除《の》けて掘り進むうちに、各方向に進む空間と自然木とがいくつか発見された。空洞は木材様のものが腐蝕してしまったためにできたものと判った。また茅《かや》か藁《わら》ぶきの門様のものも出てきたが、あまりにも腐蝕が激しいため確認はできなかった。また途中から出てきた自然木様のものは掘り進むにしたがって、その姿態が明らかになり、六メートル掘りさげたところで天明の地表を確認した段階で、おしよせてきた粉体流のため、押したおされ、根から引きぬかれ、ちょうど根が上に枝が下になる形で逆立ちしているのだということが判明した。自然木は残っている部分で直径約三〇センチ、長さは約二メートルであった。おしよせてきた粉体流の力がいかにすさまじいものかを、まざまざと示すものであった。

この鎌原地区は八月も下旬になると毎日のように夕立がくるようになるのであるが、この年は本来ならば、まるまる晴天であるはずの七月下旬から夕立が多く、午後は発掘を止《や》めざるをえない日もあったが、八月一日の夜半から二日の夜明けにかけて浅間・白根地区を直撃した台風一〇号がやってきた。この台風は猛烈な雨風台風で、浅間の火山灰や火山礫の堆積土壌に根をおろしているこの地区の樹木はひとたまりもなく倒れてしまい、斎藤洋一君と私が泊っていた小瀬《こせ》温泉も、停電のうえ倒木のため出口をふさがれてしまった。徒歩で軽井沢にたどりつくのに三時間ほどもかかったが、道路はどれも倒木のためにふさがれ、軽井沢は完全に孤立してしまい、私たちが発掘現場にたどり着いたのが、ようやく午後三時であった。

現場小屋の屋根は吹きとばされ、事務所内の器材・出土品・図面などは水びたしになっており、そのうえ六メートルまで掘りさげた発掘現場は、水がいっぱいたまり、あたかもプールのようになっていた。

このためA地区の発掘は続行が不可能となり、そこからB地区に掘り進めることも土壌の関係で無理であったため、この部分の発掘をあきらめてC地区に移った。そしてこの地区の一番西端、押切端《おしぎっぱ》にとりかかろうというところから、延命寺の本堂の中心部分にあったろうと思われるものが出土した。ただし強烈な粉体流に一気におし流されたため、仏像をはじめ仏具も完全な形ではなく、おし潰され、ひきさかれた形状で、それも分散した形で発見された。この部分からの主な出土品は、

虚空蔵菩薩坐像《ざぞう》一体：これは木造、寄木造《よせぎづく》りで、首は胴体に差し込むようにつくられ、ま

第45図　延命寺発掘現場より出土した虚空蔵菩薩坐像（右）とその分解された部分

た両腕もはずれるようになっており、胴体そのものも胴のところで前後に割れ、真ん中に人工的な空洞がつくられていた。右手は流される過程で折れて失ったか、また腐蝕したのか、肩のところまでかなり顕著な腐蝕を示していた。左手はほぼ完全に近い形で出土、坐像の台座以下は見つからず、またそれに接する部分もかなり腐蝕の進行がみられた。

銅製立像：虚空蔵菩薩の近くから、高さ四・八センチ、頭長一・〇センチ、台座高〇・八センチの鋳型鋳造の銅製立像が二体、別々に発見された。虚空蔵菩薩の胎内に入っていたものか、また別のところにあったものか、仏の種類も判らない。

銅製燭台《しょくだい》・香炉・碗《わん》・三脚つき容器：燭

第46図　発掘現場より出土した銅製燭台

台に香炉、それに花立《はなたて》がそろえば、それは本尊前にそなえる三ツ具足であるが、残念ながら花立はみつからなかった。碗・三脚つき容器と表現したものが花立の一部であったのかも知れないが、たとえば香炉は左側面から強烈な力が加わったらしく、割れて大きく内側にめくれこんでおり、その力にひっぱられて他の部分にも亀裂《きれつ》が入っているように、他の器具にもそれなりの損傷があるので、いま一つ決めかねるものがあるが、これが三ツ具足とそれに付随する器具であることにはちがいないだろう。

その他銅製品断片・木製品断片・漆箔片《うるしはくへん》等

このC地区で発見されたものは以上のようであるが、それが『上州浅間岳虚空蔵菩薩略縁起』にいうように行基菩薩作であるかどうかは別として、延命寺の本尊である虚空蔵菩薩と、その前に配置していただろうと思われる三ツ具足のうち二つまで、ほぼ同一部分から出ており、それに漆と金箔を張りまわした立派な厨子《ずし》断片が出土しているので、この近くに延命寺本堂があったことはほぼ間違いないことであろう。では本堂そのものはどうしたのであろうか。発掘したA地区・C地区からは礎石と思われるもの、また上部構造物と思われるものも発見されていない。

そもそも寺の本堂は屋根と床を柱でつないだ空洞のようなものであるので、火砕流の最初の襲撃が空洞部分をつきぬけ、その時、厨子・本尊諸仏・三ツ具足等々付随物を押切端《おしぎっぱ》ぎりぎりのところまで、おし流した。本堂の構造物がおし潰されるかおし流されたのはその後で、それは必ずしも本尊と同じ方向とは限らない。したがって発見されるとすれば、B地区かそれ以外のところで、またこの近在にあるかどうか、あっても腐蝕をまぬがれているかどうか判らない。礎石については当時の延命寺が礎石をつかった建造物であったかどうかを含めて、今後の問題である。

しかしともあれ、A・B・C地区あたりに延命寺があったろうことは、確認されたとしてよいであろう。

あとがき

鎌原の発掘調査は、私のように近世の文献史学の道を歩いてきた者にとっては、全くの未経験のことであったので、ただただ驚くばかりといった経験の連続であった。私のみでなく、近世史学界にとっても、発掘を伴い、歴史像の構築を出土品に頼るところが大きい研究ははじめてであったのではなかろうか。

私はこの発掘の予告といった意味をこめて、『歴史読本』の昭和五十三年十二月号に、「歴史研究全体に拡がる考古学的手法」という文章を書いたが、その最後を、「現在は近世考古学の黎明期といえるであろうか」という言葉で結んだところ、「近世史研究もずいぶん変わったものですね」と何人かの人からいわれたものである。

そのためだけでもないだろうが、この発掘調査は始終とまどいにつきまとわれつづけた。

困ったことも数多くあったが、一番困ったのは宿舎不足であった。軽井沢方面は夏人口が極度に多く、夏場は宿舎が逼迫《ひっぱく》すると聞いていたが、鎌原地域は私たちが発掘を始めるまでは全くの寒村で、浅間白根火山ルートを通って、草津・白根方面に通りすぎてゆく人はあっても、鎌原の村に立ち寄ってみる人はほとんどいないという有様、それに立ち寄ったとしても、それは通過途中のそれで、ほとんどが軽井沢か草津温泉を宿泊地とするのが一般であった。

しかし、われわれは作業の関係でそこまで宿泊地を延ばすのは、時間のうえでも経費のうえでもできないことで、この問題は若干改善されたが、最後までわれわれ調査隊の泣きどころであった。

さて、観音堂下石段から二体の遺体が出たときだが、これは当然のことであるが大変な騒ぎになった。この石段は、昔は百二十段とも百五十段とも言い伝えられているが、実際は上部十五段のみが地上に出ており、その登り口に「天明の生死を分かつ十五段」という立札が、いつからともなくたてられていた。悲劇の当日、これより上に逃げ上った者は助かり、そうでない者は恨みを呑んで死んだはずである。したがってこの石段の途中にその人たちの遺体があるはずだというのが、村人の口に伝わってきた伝承であった。

たしかに可能性としてはあるにしても、実際にはそれは無理であろう、という気持ちが掘る前のわれわれにはあった。そんなことから、一度はこれ以上掘り下げるのは危険と判断して掘り下げを中止、児玉幸多先生と斎藤洋一君はひとまず東京に引きあげた。しかし、これから埋め戻そうという段階になって、穴を見つめていると、このままで中止するのは惜しい、というより、出てくるという気持ちがだんだんと強くなってきて、それが確信に近いものになってきたのである。それで一度中止と決定していたのを撤回、急遽掘り下げるのに障りになる小屋を移動させ、作業にとりかかったのはもう夕方に近かった。

ルールどおり石段にそって掘り下げていると、穴のなかから人間の毛髪様の異物が見えてきたとの報告があった。「すわ」というので下りて見ると、まぎれもなく人間の頭に、それに連なる下方部が洞穴になっており、肋骨あたりと思われるところに、白い脂肪状のものが、ひらひらとしていた。注意深い仕事は女性のほうが、というので作業を任せていた女子学生が、気持ちが悪くなってもう駄目というので、あとの作業は男子が交替した。しかし、もうこのころは、夏の日もすっかり傾き、地上から四メートル以上も掘り下げた穴のなかではこれ以上の作業は無理と考えられた。普通ならここで作業はうち切って翌日にまわすべきだが、遺骨発見の報を聞きつけた人々が、続々と穴の周辺に集まり、そのままおくのは危険であった。急遽長野原の警察に行って投光機を借りだし、ともかく遺体二つを掘り出して、俄《にわか》づくりの棺桶に納めて、当夜は観音堂に安置して、村人とともに通夜をした。

そして東京の児玉先生と斎藤君とに至急引き返してくるよう連絡、発掘現場には縄を張って、ともかく一夜をあかした。遺体発見の報はテレビ・ラジオでかけめぐったため、翌日は朝から見物客が大勢おしかけ、発掘中の穴の周辺に立ち並び、そのため土砂・岩石が崩れおちて、とうてい穴のなかで作業ができない有様だったので、斎藤君が責任者となり、村の老人会の人々の応援を得て整理に当たるのに大童《おおわらわ》であった。

そんなことでやれやれと作業小屋で一息入れているところに、村役場の戸籍係が数名の応援をつれてやってきた。何事かと話を聞くと、これは行倒《ゆきだお》れ（行路病者）だから、村が引きとっていく、というのである。なるほどいわれてみれば、行路病者の範疇《はんちゅう》には入るのかも知れないが、二〇〇〇年の昔のものであり、こちらは大変な苦労と費用をかけて掘りだしたものである。持って帰って先方がいうように埋葬などされたのではたまったものではない。「これは行路病者である、したがって村の戸籍係の管理に属するものである」「いやこれは学術資料であってまず調査会に属するものである」といった議論をさんざん戦わせた末、戸籍係はやっと引きあげていった。

また警察から、「地下五メートルのところから出てきたもので、二〇〇〇年前のものでも遺体と聞いては知らぬ顔もできぬ、一応検証に行きたい」と申し入れがあったり、この一日は大変な騒ぎであった。

また十日ノ窪の発掘がすすむと、近世初頭に日本に渡来したと思われる中国の糸印《いといん》、イタリアのヴェネチア製の手鏡をはじめとして、豊かな生活水準を示す数々の生活用具が出土し、これがまた世上の関心をひき、鎌原村の埋没遺跡はますます有名度をたかめていった。

そんなある一日、浩宮が発掘に参加され作業中のところを、見学なさるという形で、皇太子御一家がおみえになった。

このようにして浅間北麓にある一寒村鎌原の存在は、言葉どおり全国津々浦々に知れわたり、訪れる見物客も日増しに多くなっていった。そんななかで、これまで殺人といった重い犯罪が一つもなかった、平和そのもののこの地域に、殺人事件が一つならず二件もおこった。一件はこの地区出身の娘さんを追ってやってきた男がおこしたものであり、いま一つは近くの別荘に一人で来ていた娘さんをめぐってひきおこされたものであった。ふだんなら大変な騒ぎになる大事件だが、それも発掘ブームの騒音にかき消され気味であった。しかし間もなく、「こんな殺人事件がおこるのは、きっと眠りを無理やりゆすり起こされた天明浅間押しでの被害者たちの霊魂のたたりにちがいない。発掘を止めてもらわなければ……」という声がだんだんと高まってきた。この声には、「そんな馬鹿なことを！」といえないところがあるだけに、全く困りはてた。一時はこれで発掘もうち切りか、とまで心配したものであるが、よくしたもので、やがてだんだんと静まっていった。なお浩宮は翌年も再度おみえになった。

天明の浅間山の大噴火の影響は予想外に広く、三年後の田沼意次政権の没落、さらにその三年後におこったフランス大革命も、それがひきおこした冷害の結果であるとの説があることは本文中に紹介しておいたが、日本アルプスの裏側にある金沢でも、その鳴動についての細かい記録があるとの連絡があり、児玉先生がわざわざそのために採訪に行ってくださったりした。

また災害復旧のための御手伝普請《おてつだいぶしん》は九州の熊本藩に命ぜられた。何故《なぜ》これが熊本藩のところに行ったのか、調べてみなかったが、幕閣がさてどこにお手伝いを命じようかと考えたとき、案外日本では浅間に並ぶ大活火山である阿蘇山を思いだしたので、では熊本藩にということになったのではなかろうかと、熊本に行く飛行機が阿蘇山上空を飛ぶときふと思ってみたりした。天明の浅間山の大噴火は麓の村々はもちろんのこと、関東一円に多大の被害をあたえたが、その復旧のための資金約一〇万両を熊本藩が支出しているので、それに関連する史料があるかどうかを調べに行ったのである。現在藩史料は熊本大学に預けられているのだが、調べてみると予想外に多く、われわれが持っていったフィルムをたちまち使いはたしてしまった。斎藤君と二人で町の写真屋を走りまわったが、史料撮影用のフィルムはどこにもなく、福岡まで行けばあるだろうとのこと、しかし予定の日数ではそんなこともできず、考えた末土地の新聞社に行けばあるいは何とかなるかも知れないと思いついた。早速駈け込んだところ、当然のことであるが、なぜそんな特殊なフィルムが必要なのかと聞かれ、熊本藩が浅間復旧の御手伝をしているのでその史料の採訪に来たのだと、事の次第を説明した。鎌原村発掘のニュースは全国を駈けめぐっていたので、そのことは新聞社はよく知っていたが、その復旧資金を熊本藩が出していたことはぜんぜん知らず（これは史料を保管している熊本大学の図書館も同様）、逆に取材され私の顔写真とともに翌日の新聞にその記事がのるはめになった。その切り抜きはどこかにあるはずだが、さすが新聞社、あれこれと調べて、たしか農水省系の機関にそのフィルムがあることをつきとめ、話をつけてくださった。

そんなことでやっと用を足したのだが、このときの史料の一部は近いうちに史料集として刊行の運びになるはずである。

熊本はそのために二、三度ほど行ったが、そんなある日、慰労のため一杯呑んでいるところで、斎藤君から、「先生は僕を熊本と松山につれていってくださったが、どちらも史料を追っかけているだけで、お城に登らせてくれたことは一度もない。いつも下から上を見上げているだけだ」と愚痴をこぼされた。

気がつかなかったがいわれてみるとそのとおりで、返答に困った私は、「城はわれわれ庶民にとって見上げるもので、上から下を見おろしたりするものではない」と奇妙な理屈で説得にかかったのをおぼえている。

鎌原の発掘といえば気象条件もまた大きな問題であった。発掘はどの回も七月二十日から八月十日すぎまでを中心に行われた。一つは発掘主体であるわれわれ調査隊の主要メンバーが教職にあって、夏休みしか使えないということもあったが、最大の理由はこのころが気象が一番安定しているということであった。七月の初めまではまだ梅雨が残っており、八月十五日をすぎると急に夕立が多くなって発掘に適さなくなった。こんなことからこの時期がえらばれたのだが、それは避暑の時期とも重なっていた。そのため、「一番良い時期に避暑と研究を兼ねて仕事ができて良いですね」と多くの人からいわれた。

なるほど鎌原は標高八〇〇メートルほどもあって、避暑に最適の場所であるが、われわれの調査は地表から三メートル前後も掘りさげた穴のなかでの作業なので、そのむし暑いことは大変なもので、毎日下着がグショグショに濡れてしまうほどで、体の疲れもひとかたでなかった。避暑地に掘った穴のなかで、われわれは難行苦行をしていたわけである。

またわれわれが調査をしていた昭和五十四―五十七年ごろは、長野県が県内に脳溢血による死亡者が多いのを何とかくい止めようと、テレビ・ラジオを使ってさかんに減塩運動をくりひろげていた時期で、私の宿舎でもずいぶん気をくばっていてくれたが、それでも発掘が終わったころには血圧があがって、九月一杯くらいはふらふらの毎年であった。

最後の調査になった昭和五十七年のものは、従来の調査と連続性はあるが、NHKの援助をうけて急に思いたったこともあって、主として斎藤洋一君と私が中心になり、従来よりは小規模調査隊を組んで調査を行った（このとき、補助員の宿舎として角川書店の寮を使わせていただいた）。といっても、われわれは発掘の専門家でないので、考古学の泰斗斎藤忠先生にその指揮はお願いした。発掘期間も七月二十六日から八月八日と、期間も若干短かめに設定し、発掘も延命寺の本堂の確認というテーマに絞《しぼ》った。

この場合発掘地点の選定に勝負がかかるわけであるが、その地点はわかっているわけではなく、ただ漠然とこのあたりにあったらしい、という伝承があっただけである。その場所はかなり広い地域で、そのなかのどのあたりに本堂があったかの選定は、いわば賭のようなものであった。地元と教育委員会などの意見では、私が選んだ場所より三〇メートルほど北側の、若干起伏のある畑地で、大雨のあった後など地表に埋没した家屋が陥没したようなへこみが見られる地点のほうが若干有力のようにも思えた。

しかし私は、結局その地点を捨てて南側の地点をえらんだ。それにはいろいろな理由があったが、最終的には、観音堂下で二体の遺体を掘りだし、また十日ノ窪の埋没民家の最東端から、道路脇に立っていたと思われる石地蔵を掘り出したときに働いたと同じ勘といったものであった。幸いにこの勘も当たったのだが、それが不思議に三者とも、調査うちきりぎりぎりのところであったのはおもしろい。

ところでこの昭和五十七年の調査は天候に祟《たた》られっぱなしであった。いま斎藤洋一君がつけていた調査日記から天候のところを抜きだしてみると、

七月二十六日（月）　雨ときどき曇
七月二十七日（火）　曇ときどき雨
七月二十八日（水）　曇ときどき晴のち雨
七月二十九日（木）　晴ときどき曇のち雨
七月三十日（金）　曇ときどき晴ときどき雨

七月三十一日（土）　曇のち雨
（八月一日　休養日）
八月二日（月）　晴ときどき曇ときどき雨、前夜半台風襲来
八月三日（火）　曇ときどき雨
八月四日（水）　晴
八月五日（木）　晴
八月六日（金）　晴
八月七日（土）　晴

となる。そのなかから二、三日をえらんで抜き書きをしてみよう。

七月二十六日（月）　雨ときどき曇

午前　発掘現場において「安全祈願祭」を行う。終了後、発掘調査関係者は調査事務所に集まって顔合わせ並びに打合わせを行った。その後、発掘調査に使用する器材、器具を準備するとともに、ベンチ・マークを設定し、現地測量を実施した。さらに発掘前の写真撮影、調査地の区画設定など発掘調査の準備を行った。

午後　パワーシャベルによる粗掘りを開始する。最初にB地点の現地表面で南北七メ

ートル、東西八メートルの範囲を全体的に掘り下げる。約三〇センチ掘ったところで、東南地点に大きな石（2m×1m×1m）が出土した。この「大石」は残して、全体をさらに掘り下げる。現地表面より約一・六メートルのところで、東北地点に直径約三〇センチの空洞を発見する。しかし降雨が激しくなったため、午後四時に作業を中止した。

七月三十一日（土）曇のち雨

午前　自然木（昨日出土した）の精査を行うとともに、順番にとりあげる。これと並行して南側壁面の垂直な空洞の精査を行う。空洞上端部より約二・四メートルさがったところで自然木が出土する（つまり、ほぼ垂直な空洞は直径が約三〇センチで、深さが約二・四メートルあり、その底部にさらに自然木が発見されたわけである）。これをさらに掘り下げた。

午後　当初予想していた以上に堆積土石が多く、この時点に至るまで天明三年当時の地表面に到達することができなかったため、垂直の空洞部分を掘り下げることで、ともかく一ヵ所だけでも天明段階の地表を確認することにする。ただし発掘地点がかなり深くなったために、作業の安全を期してパワーシャベルによる発掘に切り替え、発掘作業員は全員退去し、発掘調査員のみがヘルメットを着用し、安全には十分留意しながら作業を進めた。そして、現地表面より約六メートルのところでようやく天明段階の地表に到達した。

なお、垂直の空洞の下端部に引き続いて出土した自然木は、そのまま天明段階の地表に到達していたが、これについていた枝の方向から、自然木が倒立していることが明らかになった。自然木の直径は約三〇センチであったから、かなり大きな木であるといってよいと思われるが、このような大木がなんと「まっさかさま」になっているわけである。これによっても熱泥流（粉体流）のすさまじさが知られたのである。

八月二日（月）　晴ときどき曇ときどき雨

午前　昨夜来の台風一〇号のため、現場の発掘事務所の屋根が吹きとばされ、図面や器材、出土品などが水浸しになる。また交通が途絶えたところもあったため、現場に集まることのできた者で復旧作業を行う。

午後　引き続き復旧作業を行う。水浸しになった図面や遺物などを乾かすとともに、事務所の屋根を応急的にかけたりした。今年度の発掘は、まったく天候に恵まれなかったと思う。

八月六日（金）　晴

午前　発掘作業の最終日である。午後は埋め戻しにかからないと、予定どおりに日程を終えることができないと思われた。そこで発掘にあてることのできる最後の半日をどのように使うのが最も有効であるかの協議をあらかじめ行った。その結果、ひとつは角材型の空洞のところを精査すること、いまひとつは少し西側（いわゆる押切端《おしぎっぱ》の側）に掘り進めること、というふたつの方針が出された。

このうち後者については、調査地点がかなり深くなって危険を伴うため、この日まで掘り進めることを見合わせていたのである。しかし、発掘に残された時間があとわずかという時になって、やはり掘り進めてみたいという意見が大勢を占めたのである。ただし安全性を確保するために、人は退けて、パワーシャベルでゆっくりと掘り進めることにした。それによって銅製と推定される燭台・香炉など四点がかたまって出土したのである。しかし、その場所は精査を行うには危険であると判断されたために、平板測量とレベル計測を行ったのみで、遺物はただちにとりあげ、埋め戻しにかかった。

午後　埋め戻し作業を行う。

八月七日（土）　晴

整地と器材・器具の整理、発掘事務所の撤収等を行い、今年度の発掘作業の全てを終了した。

さて、これで発掘調査が完結したというわけではないが、私が経済学部長になり、また斎藤洋一君の身分に変化がおこるなどいろいろあって、昭和五十八年度以降は発掘調査は休止されたままである。

では再開するとすればどうなるか、であるが中心的メンバーの一人である水上武先生が死亡し、また他の関係者の身辺にもそれなりの変化があるので、ここで私が私見を述べるわけにはゆかない。ただ私個人だけの気持ちからいえば、私は本文中で述べておいたが、旧鎌原村は現鎌原村の真下にあるという通説にたいし、私はそれより西側、浅間白根火山ルートの走っている丘陵部が、鎌原村の耕地部分と接したあたりにあったと考えている。十日ノ窪で道端の石地蔵を掘りだしたことは、その一つの証明であるが、今一つそれより北側、つまり旧鎌原村の中心部分と考えられるところで、それを確認してみたいと思っているが、その機会がはたして来るだろうか。

本来ならばこれは序文のところに記すべきかとも思うが、この調査資金は文部省からのもののほか、日本ＩＢＭ・小学館・集英社およびＮＨＫからの援助を仰いでいる。末筆ながら厚く御礼申し上げたい。

昭和六十一年十月十日

大石慎三郎

本書の原本『天明三年浅間大噴火　日本のポンペイ鎌原村発掘』は、一九八六年に角川選書として刊行されました。

大石慎三郎（おおいし　しんざぶろう）

1923-2004年。東京大学文学部国史学科卒業。博士（文学）。学習院大学名誉教授。徳川林政史研究所所長，愛媛県歴史文化博物館館長などを歴任。専攻は近世日本史。著書に『享保改革の経済政策』『近世村落の構造と家制度』『元禄時代』『大岡越前守忠相』『日本近世社会の市場構造』『江戸時代』『田沼意次の時代』『徳川吉宗と江戸の改革』など多数。

講談社学術文庫

定価はカバーに表示してあります。

天明《てんめい》の浅間山《あさまやま》大噴火《だいふんか》

日本《にっぽん》のポンペイ・鎌原村《かんばらむら》発掘《はっくつ》

大石慎三郎《おおいししんざぶろう》

2023年２月７日　第１刷発行

発行者　鈴木章一
発行所　株式会社講談社
東京都文京区音羽 2-12-21 〒112-8001
電話　編集（03）5395-3512
販売（03）5395-4415
業務（03）5395-3615
装　幀　蟹江征治
印　刷　株式会社ＫＰＳプロダクツ
製　本　株式会社国宝社
本文データ制作　講談社デジタル製作

ISBN978-4-06-531017-5

「講談社学術文庫」の刊行に当たって

これは、学術をポケットに入れることをモットーとして生まれた文庫である。学術は少年の心を養い、成年の心を満たす。その学術がポケットにはいる形で、万人のものになることは、生涯教育をうたう現代の理想である。

こうした考え方は、学術を巨大な城のように見る世間の常識に反するかもしれない。また、一部の人たちからは、学術の権威をおとすものと非難されるかもしれない。しかし、それはいずれも学術の新しい在り方を解しないものといわざるをえない。

学術は、まず魔術への挑戦から始まった。やがて、いわゆる常識をつぎつぎに改めていった。学術の権威は、幾百年、幾千年にわたる、苦しい戦いの成果である。こうしてきずきあげられた城が、一見して近づきがたいものにうつるのは、そのためである。しかし、学術の権威を、その形の上だけで判断してはならない。その生成のあとをかえりみれば、その根は常に人々の生活の中にあった。学術が大きな力たりうるのはそのためであって、生活をはなれた学術は、どこにもない。

開かれた社会といわれる現代にとって、これはまったく自明である。生活と学術との間に、もし距離があるとすれば、何をおいてもこれを埋めねばならない。もしこの距離が形の上の迷信からきているとすれば、その迷信をうち破らねばならぬ。

学術文庫は、内外の迷信を打破し、学術のために新しい天地をひらく意図をもって生まれた。文庫という小さい形と、学術という壮大な城とが、完全に両立するためには、なおいくらかの時を必要とするであろう。しかし、学術をポケットにした社会が、人間の生活にとってより豊かな社会であることは、たしかである。そうした社会の実現のために、文庫の世界に新しいジャンルを加えることができれば幸いである。

一九七六年六月

野間省一